集人文社科之思　刊专业学术之声

集 刊 名：国际中文教育研究

主办单位：浙江师范大学国际文化与社会发展学院

　　　　　教育部中外语言交流合作中心非洲中文教育实践与研究基地

主　　编：王　辉

INTERNATIONAL CHINESE LANGUAGE EDUCATION RESEARCH

第九辑

集刊序列号：PIJ-2021-448

集刊主页：www.jikan.com.cn/ 国际中文教育研究

集刊投约稿平台：www.iedol.cn

国际中文教育研究

（第九辑）

INTERNATIONAL CHINESE LANGUAGE
EDUCATION RESEARCH

王　辉　主编

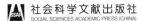
社会科学文献出版社
SOCIAL SCIENCES ACADEMIC PRESS (CHINA)

本集刊受"教育部中外语言交流合作中心非洲中文教育实践与研究基地项目"资助

国际中文教育研究

第九辑
2025 年 3 月出版

·华文教育与中华文化传播·

·稿约·

毛里求斯中文教育：性质变迁、发展特征与发展进路*

郑　崧　尹建玉**

摘　要　毛里求斯中文教育是非洲百年中文教育发展史的源头。20 世纪，毛里求斯中文教育经历了从侨民祖语教育到本土民族祖语教育的历史转变。毛里求斯秉承多元文化主义，在多语制下，中文教育有着稳固的政策和制度保障，呈现出稳定的发展态势。但是，毛里求斯中文教育面临一些挑战：中文教育资金不足，缺乏稳定的师资队伍；中文在华人社会中的交际价值下降，华人青少年对中文缺乏认同。未来，应加强中毛两国间的双边合作，夯实中文教育社会基础，以本土高层次中文教师培养为优先事项，着力提高毛里求斯中文教育能力；充分发挥毛里求斯华人社会的主体作用，加强国家与家庭层面中文教育规划，强化华裔青少年对中文与中华文化的认同感。

＊　基金项目：本文系 2021 年度国家社科基金重大项目"人类命运共同体视域下非洲百年汉语传播研究"（21&ZD311）、中华全国归国华侨联合会重大项目"21 世纪南部非洲华文教育研究"（19DZQK20）阶段性成果。
＊＊　郑崧（1973-），博士，教授，博士生导师，浙江师范大学国家语委"一带一路"语言生态研究中心副主任，研究方向为国际中文教育、国际教育发展合作；尹建玉（1986-），浙江师范大学博士研究生，讲师，研究方向为国际中文教育。

关键词 ┊ 毛里求斯；中文教育；性质变迁

一 前言

从 2000 年中非共同倡议成立中非合作论坛，到 2024 年中非合作论坛北京峰会中非领导人一致决定构建更加紧密的中非命运共同体，中非政治互信不断巩固，各领域务实合作不断深化。正是在这样的背景下，非洲中文教育也不断升温。这突出表现为在西方国家孔子学院生存环境恶化的情况下，非洲国家孔子学院数量仍处于增长中。与此同时，已有 16 个非洲国家将中文纳入国民教育体系，其比例已超过美洲和大洋洲。此外，30 余所大学建立中文专业或中文师范专业，数以万计的毕业生成为建设非洲、促进中非友好的中坚力量。[1]

在当前的国际中文教育研究中，区域国别研究方兴未艾，中文纳入国民教育体系逐渐成为一个重要研究课题。[2] 2020 年以来，李宝贵与其研究团队就此问题开展了开拓性的系统研究，其成果不仅系统阐述了中文纳入国民教育体系的内涵、价值意蕴、演进逻辑、多维表征、动因机制以及研究方法，还就埃及、南非做了区域国别研究。[3] 不过，迄今为止还未见将中文纳入国民教育体系的其他 14 个非洲国家的国别研究。鉴于中文纳入国民教育体系对于中文国际传播具有重要作用，区域国别研究具有助力精准施策的现实意义，以及中文教育在构建更为紧密的中非命运共同体中发挥着基础性作用，加强非洲中文教育的区域国别研究，特别是中文纳入非洲国家国民教育体系的区域国别研究是非常必要的。

毛里求斯是非洲印度洋岛国。尽管远离非洲大陆，面积不大，人口仅有 126 万，但在非洲中文教育发展历史中具有重要的地位。首先，毛里求斯中文教育是非洲百年中文教育发展史的源头；其次，毛里求斯早在 1975 年就将中文纳入公立中小学教育，并于 1992 年将中文纳入小学和中学的正式考试科目，是第一个将中文纳入国民教育体系的非洲国家；最后，在毛里求斯，中文是作为本土民族的祖语，而不是作为外语纳入国民教育体系，这在非洲国家中是独一无二的。这些独特性决定了毛里求斯中文教育研究的学术价值。

学界现有关于毛里求斯中文教育的研究主要从"三教"的角度，梳理中文教育发展的历史与现状，分析其存在的问题、面临的挑战及发展策略，尚缺乏从语言政策、语言态度、语言规划等角度进行探讨。本文拟从毛里求斯中文教育性质的变化、语言生态环境、华人语言态度以及中文教育规划等角度深化毛里求斯中文教育研究，尝试从新的视角去发现新问题以及解决问题的路径。

二 毛里求斯中文教育性质的历史变化

非洲中文教育发轫于 20 世纪初的毛里求斯，其中文教育经历了从侨民祖语教育到本土民族祖语教育的转变，从而完成了本土化的转身。

（一）作为华人移民祖语的中文教育

毛里求斯素有"印度洋之星与钥匙"之称，一度是欧洲、亚洲、非洲、澳洲航运的枢纽。它原本是一个无人居住的荒岛，17 世纪末被荷兰占领，先后沦为荷兰、法国和英国的殖民地。19 世纪，它成为华人从亚洲向非洲移民的主要中转站。因此，在这里曾出现非洲最大的华人移民群体和最早的华人社区。1911 年，毛里求斯华人领袖集资为侨童创办了一所私塾，1912 年改建为新华小学，"这是华文教育在毛里求斯的开始"[4]，也是中文教育在非洲的开始。为了方便华侨子弟升入中学，1941 年毛里求斯华人又建立了新华中学和中华中学。那时的华文中小学使用由商务印书馆、中华书局等大书店出版发行的教科书，并按照国内的教学体制办学。20 世纪 40 年代，毛里求斯有十余所华文学校，新华中学学生人数一度超过 1200 名。可以说，毛里求斯中文教育在此时达到了鼎盛。[4]

早期毛里求斯的中文教育属于华人移民的祖语教育。祖语（heritage language），又叫传承语、继承语，它是指社会主体语言之外作为语言文化传承的祖辈语言。[5] 20 世纪上半叶的毛里求斯中文教育正是侨居毛里求斯的华侨华人为实现文化传承的祖语教育。华文学校教授的华语最初是客家话和粤语，后来增加了普通话。彼时侨居毛里求斯的华侨难以入籍，大多数华侨也不想入籍，因此中文教育体系是相对独立的，主要依靠侨社办学，并得到中国政府的支持。它"既具有教书育人、启蒙教化的一般性功能，又负有传承中华文化、增进国家认同的特殊使命"[6]。在主流社会眼里，中文是一种外国移民的语言。20 世纪上半叶，中文教育一直被排斥在毛里求斯国民教育体系之外，华文学校也得不到毛里求斯殖民当局的支持。

（二）本土华族语言的中文教育

20 世纪下半叶，国际形势发生了很大的变化，这也彻底改变了毛里求斯的华侨华人及中文教育的生存环境。

1947 年毛里求斯宪法规定：任何年满 21 岁的成人年，只要会一种语言（英语、法语、克里奥尔语、印地语和中文）的简单句子，都有权利参加选举。1960 年宪法修正案将选举权扩大到任何文化水平的成年人。这些宪法新规定为当地已经入籍的华人提供了参政议政的机会。1961 年 7 月，英国同意毛里求斯自治。1968 年 3 月 12 日，毛里求斯正式宣告独立。独立后的毛里求斯采取多元文化政策，对移民继续采取宽松的入籍政策。

与此同时，新中国成立后也调整了侨务政策。1955 年，中国政府为了消除其他国家不信任感甚至敌意，宣布放弃对双重国籍的承认。1958 年，中国华侨事务委员会也建议海外华侨安排子弟在侨居地就学，认为"这不但符合实际需要（事实上绝大多数华侨学生都留在当地升学或就业）和华侨的长远利益，而且符合我国外交政策和侨务工作的根本方针"[4]。

居住国与祖籍国一松一紧的政策变化导致毛里求斯当地 3 万多华侨

纷纷选择入籍毛里求斯。1944 年，毛里求斯华人保持中国国籍的占比为 42.44%，而到 1962 年，这一比例下降到 15.32%。到 20 世纪 70 年代，已有 90% 以上的华人加入了毛里求斯国籍，9% 保留中国国籍的华侨绝大多数是新入境的移民。[4] 约占毛里求斯总人口 3% 的华人成为毛里求斯的一个少数民族，而中文也因此成为毛里求斯的小语种之一。

独立后的毛里求斯政府实行多语制和多元文化政策，同时实施免费教育，在中小学设立了东方语言和文化的课程，以弘扬各东方民族的优秀文化传统，维护毛里求斯的文化多样性。中文教育因此正式被纳入毛里求斯的国民教育。1975 年，毛里求斯政府在 5 所中学和 11 所小学开设中文课；1977 年，毛里求斯教育学院培养了首批（5 名）小学中文教师。这些教师还自编了中小学中文教材。1992 年，中文作为中小学的选修课，被列入小学和中学的正式考试科目。[7] 毛里求斯成为第一个将中文纳入国民教育体系的非洲国家。

华人纷纷入籍毛里求斯，中文作为华族语言被纳入毛里求斯官方的多元主义文化教育中，华人子弟流向公立中小学接受免费教育。在这样的背景下，原先独立办学的华文学校很快失去了存在的基础。1962 年，新华学校学生仅有 250 余人。1973 年（一说 1975 年），毛里求斯华文教育的最后一个堡垒——新华中学及其附小停办。1979 年，停办数年的毛里求斯新华学校复校，但是复校以后不再开展正规的中小学教育，而只是举办周末中文班，[4] 并一直持续到现在。这是毛里求斯独立的、由华侨华人主办的华文教育系统走向衰败的缩影。正如毛里求斯甘地学院中文高级讲师聂俊瓔所言：“国际形势和由此形成的毛岛华侨社会心理的巨大变化，对毛里求斯的中文教学产生了根本性的影响。二战前，华侨送子女入校就读，不仅是为了后代不忘本，了解和继承中华民族的优秀文化传统，而且是为他们将来回中国读书和发展做准备。当时，中文学校在毛岛遍地开花，欣欣向荣。二战后，由于大多数华侨都选择了融入毛岛主流社会，不再返回中国，这就使中文的实用价值降低，使中文教学失去了最根本、最强大的动力。”[4] 此外，在客家和广府华人社区教育转变为公共教育后，华文教育从 20 世纪 70 年代末开始的另一个转变是许多毛里求斯华人远离了他们的祖语——客家话和粤语，而转向普通话。[8]

三 21世纪毛里求斯中文教育的发展环境与特征

（一）发展环境

作为一个移民国家，再加上殖民统治的历史影响，独立后的毛里求斯秉承多元文化主义，积极推进多语制，以促进族群和睦、社会稳定。

17世纪末毛里求斯成为荷兰殖民地时，岛上并没有原住民，因此也就没有所谓的本土民族与语言。经过300多年的发展，今天的毛里求斯已成为一个多民族、多语言的国家。其国民中约68.4%是印巴人后裔，27%是克里奥尔人（非洲人及欧非混血儿），2.3%是华裔，1.7%为欧洲人后裔。[9] 毛里求斯的语言生态多样而复杂。英语在法律上是毛里求斯政府机构、行政管理和教育系统的官方语言，但实际上它更多的是用作书面语而非口语。相对而言，法语是一种在工作场所、媒体和教育中占主导地位的媒介语言。2011年毛里求斯人口普查结果显示，以法语为基础的克里奥尔语（Kreol）是87%人口的通用语。然而，它却不享有官方地位，部分原因是一些人认为它属于法语方言，而不是一种独立的语言，而且它与克里奥尔人（一个社会经济上被剥夺的群体）相联系，部分原因是缺乏标准的正字法。[10] 此外，在2011年的人口普查中，中文（包括客家话、粤语和普通话等）等12种使用中的亚洲语言被列为"祖先语言"（ancestral language）。所谓"祖先语言"是指移民最初到达毛里求斯时所说的语言，即前述的祖语。"它们被限制在特定的背景中，很少在日常互动中使用。由于这些语言只在典型的民族中使用，因此它们作为文化符号和民族标记对相应的群体起着至关重要的作用。"[11] 在毛里求斯，声称拥有一种特定的祖先语言具有政治性的意义，因为在那里，政治家通常是根据他们的种族身份选举出来的，财政支持是根据种族群体的人数分配的。目前，在毛里求斯的华人中，人数较少的福建人大多已不会讲中文，语言上基本被同化；广东人通常讲克里奥尔语或英语，部分新移民继续讲广东话与普通话；约占华人人口90%的客家人，一部分仍会讲客家话，但年轻一代大多讲克里奥尔语。[12] 格尔达·松克（Gerda Sonck）认为，上述语言中没有一种能满足毛里求斯社会的所有功能（即书面和口头、正式和非正式、技术和文化），这可能是它们成功共存如此之久的原因。[13]

毛里求斯政府深刻意识到语言政策的敏感性。1997年教育与人力资源部公布的教育改革白皮书是这样论及教育语言政策的："语言政策是一个非常敏感和有争议的问题，它激起了相当强烈的热情和情感。这是不幸的，语言必须始终促进团结，而不是相反。如果我们不以诚实和真诚的方式将语言政策问题作为紧急事项来处理，我们的努力就不会得到公正的对待。有必要达成全国共识。建议更新现有的研究，确定我们在课堂上的教学媒介需要多大的灵活性；我们对语言的态度要做怎样的调整，才符合国家的发展目标。"[13]

尽管毛里求斯政府视语言政策问题为紧急事项，但是迄今为止其仍未出台专门的语言政策，相关政策散见于宪法、法律、政令以及其他形式的官方文献中。1968年毛里求斯独立时制定的宪法开宗明义："在毛里求斯，个人不能因种族、原住国、政治观点、肤色、信仰或性别而受到歧视。"宪法第49条规定："议会的正式语言应为英语，但任何成员都可以用法语与议长交流。"毛里求斯独立后，实行多元文化主义，追求"多元统一"，尊重族群之间的文化差异。

斯波尔斯基（Spolsky）认为，教育系统采用的语言政策是语言管理中最强大的力量之一。[14] 毛里求斯政府在"英语+法语+祖语"的多语教育制度下，将亚洲东方民族的各种祖语视为毛里求斯人语言和文化遗产的一部分，鼓励祖语教育。1955~2012年，毛里求斯所有的祖先语言先后被纳入国民教育体系。从2001年开始，以前没有学习过东方语言的学生也可以在正常上课时间之外免费学习。自2004年1月起，东方语言获得与普通专业教育考试其他应考科目相同的地位。[13]

2008年，毛里求斯教育、文化与人力资源部制定了《2008-2020

年教育和人力资源战略规划》（*The Education & Human Resources Strategy Plan 2008-2020*）。规划提出，"制定一项在幼儿教育中纳入双语/多语的语言政策"，目的是让教师首先根据学生的实际情况用母语授课，但同时强调应逐渐减少母语教学，逐步过渡到英语教学。规划还提出为技术和职业教育辍学者提供第二次机会，为他们提供基本的计算和语言技能培训，以此提高他们的就业能力。此外，规划还提出在高等教育中建立语言学院，培养多语人才，以满足毛里求斯发展国际贸易与语言产业的需要。[15]

2009 年，毛里求斯教育、文化与人力资源部又颁布了《国家课程框架》（*National Curriculum Framework*），作为学前、初等和中等教育课程的指导性文件。学前教育课程框架一方面强调母语教育，认为良好的母语流利度是学习其他语言和知识的基础；另一方面强调双语和多语教育，认为这既是现实语言环境的需要，对于个人来说也是一种资产。"可以看出，多语制不仅是毛里求斯的语言状况，是一项国家政策，也是学生语言能力的目标，因此也是对教育工作者的需求。"[11] 根据初等教育课程框架，在毛里求斯的小学，英语和法语是必修课。此外，学生可以选择一种祖语言，包括印度语言（印地语、乌尔都语、泰卢固语、马拉地语、泰米尔语）、普通话和阿拉伯语。框架指出："在毛里求斯，我们的力量将继续系于使多种语言和多元文化得以蓬勃发展的真诚努力。"[16] 从民族的角度来看，教授和学习祖先语言是保持民族语言和文化的重要措施。从国际角度来看，随着印度、中国和阿拉伯国家的发展，懂印度语言、中国普通话和阿拉伯语是"一个很大的优势"。毛里求斯中等教育国家课程框架明显强调英语和法语教育。在课程框架中，这两种主流语言被赋予了"通过创造与其他国家交流的途径来拯救国家免于经济幽闭恐惧症"[17] 的使命。

在毛里求斯的小学教育体系中，亚洲语言教师长期被视为临时教师（supply teacher）。他们被区别对待于其他学科的教师，后者被认为是"正式的"教师。2010 年 4 月，毛里求斯政府"本着公平的精神"，决定将亚洲语言教师正规化，并最终在 2012 年予以确认。

（二）发展特点

1. 中文教育有着稳固的政策和制度保障

在推动多语制教育以及保障本国亚洲族裔祖语教育的政策和制度框架下，毛里求斯的中文教育获得了有力的保障。与非洲其他国家不同，中文在毛里求斯不是作为外语被纳入国民教育体系，而是作为本土民族语言被纳入其中的。李宝贵、庄瑶瑶认为中文被纳入非洲国家国民教育体系面临更为复杂的社会环境与更为复杂的现实挑战，包括：政治环境脆弱不稳，缺少政策支持；民生问题治理缺环，中文教育发展基础薄弱；语言冲突影响深远，环境复杂多变；教育赋权差距明显，中文教育体系结构失衡等。[18] 与此形成鲜明对比的是，毛里求斯独立以来各族群之间保持了和谐的关系，族群之间没有发生过大规模的暴力冲突事件，形成了和而不同、多元统一的政治局面，被学者们誉为"彩虹社会"与"多样化实验室"。[19] 宪法保障毛里求斯各民族人民的基本权利和自由，包括办学的自由，华人语言文化作为本国多元语言文化的一部分，其传承得到《国家课程标准框架》等制度的保障。

2. 中文教育呈现稳定的发展态势

毛里求斯中文教育的发展态势总体稳定，并已全面纳入国民教育体系。进入 21 世纪后，毛里求斯重编了中小学中文教材，并正式出版。到 2013 年，建立了大专—本科—研究生本土中文教师培养体系。[7] 2004 年，中文作为选修课，成为初等教育文凭考试（Certificate of Primary Education）的科目之一，与英语、数学以及其他东方语言一样为 3 个分点。2015 年，毛里求斯教育部颁布并实施了《毛里求斯小学中文教学大纲》。2016 年，毛里求斯大学孔子学院挂牌成立，2022 年中毛双方签署了《中毛教育合作谅解备忘录》，内容涵盖人员交流、学历学位互认、中文教学等多个领域。这些措施使得中文在毛里求斯的国民教育体系中得到了稳步发展。目前，毛里求斯的中文教学已经覆盖国民教育体系的各个阶段，形成全方位、多层次的中文教育体系。全国共有 30 多所中小学开设中文课程。2021 年，毛里求斯共有 2648 名小学生、409

名中学生以及上千名成年人学习中文。[20] 该国国际中文教育的学习主体逐渐多元化，非华裔中文学习者不断增加。与此同时，随着中国的崛起，中毛之间经贸联系与人文交流不断加强，毛里求斯华人对中国与中文的认同感有所恢复，因此华文教育也出现复兴的势头。

3. 中文教育面临激烈的多语竞争

毛里求斯所推行的多语制既为各种语言的和谐并存和共同发展奠定了基础，但也必然带来各种语言之间的竞争。非洲国家的多语竞争可分为本土语言与前殖民语言之间的竞争、本土语言之间的竞争，以及各种外语的竞争。毛里求斯也不例外。从外语竞争来看，英国、法国、美国、印度等国纷纷出台措施，加大在毛里求斯的语言推广力度，通过不同的组织和方式来推广本国的语言文化。在毛里求斯，英语、法语是社会地位和经济价值的体现，其作为国际语言的声望与地位不可撼动，因而必然会影响到中文及其他东方语言的使用和发展。而毛里求斯人口中使用克里奥尔语的人数不断增加，这意味着它的交际价值要超过其他语言。另外，从本土语言竞争来看，中文要与其他几种东方语言竞争，争夺中小学生选修课的名额以及教学资源。尽管中文已经被纳入了"小升初"考试范围，但碍于升学压力，主动选择中文选修课的学生为数不多，并且以华裔为主。由于毛里求斯的华裔只占总人口的 2.3%（而且因为华人移民他国而呈不断下降的趋势），使用中文和学习中文的人口数量相对其他语言来说依旧较少。此外，毛里求斯的多语言环境也使得学生需要掌握三四种以上的语言，无形之中增加了学生学习中文的压力，从而影响他们的语言态度与语言选择。

四　毛里求斯中文教育面临的挑战与发展进路

（一）面临的挑战

1. 毛里求斯中文教育资源不足，缺乏一支稳定的师资队伍

尽管毛里求斯国民教育体系中的中文教育有着良好的政策与制度保

障，但是毛里求斯政府对中文教育投入尚显不足。在国民教育体系中，中文与其他众多属于祖语的东方语言课程同为选修科目，而英语和法语则为必修科目，因此在国民教育资源分配上没有太多优势，并且面临激烈的竞争。因此，毛里求斯国民教育体系中的中文教育长期面临资源不足的问题。资源不足突出表现为中文师资不足。2021 年，毛里求斯共有 2516 名小学生学习中文，但中文教师仅有 35 名（包括中文教师志愿者），师生比高达 1∶71.9。[20] 毛里求斯本土中文教师数量不足，不是因为本土中文人才稀缺和中文教师能力不够，而是因为毛里求斯政府为减轻财政负担，不愿增加有公务员编制的正式教师人数。这就导致了中小学中文教师队伍以代课教师为主体，而中文水平较高的华人不愿担任代课教师。代课教师往往只是将此作为职业跳板，因此中文教师流失率相对较高。2015 年，毛里求斯小学中文教师有 25 人，分布在 24 所学校。25 位教师中只有 5 位是正式教师，其余都为代课教师和中国的中文教师志愿者。除了中小学师资不足外，毛里求斯培养中文教师的机构——甘地学院也面临同样的问题，在 1980~2014 年，该学院一直只有一名本土中文教师教育者。[7] 因为教师不足，毛里求斯中小学无法扩大中文教学规模，开设中文教学的学校数量常常因为教师流失而减少，教师则一人身兼整个学校所有年级的中文教学，教学质量难以保证，学生流失比较严重。

2. 中文在毛里求斯华人社会中的交际价值下降，毛里求斯华人青少年对中文缺乏认同

近年来，越来越多的以国际中文教育或传播为主要研究领域的学者将华文教育视为国际中文教育的一个组成部分。吴应辉认为："海外华文教育是国际中文教育的重要组成部分。"[21] 王辉等亦认为，"国际中文教育"的教学者可以是中国本土人、华侨华人及外国人，教学对象可以是母语非中文的外国人，也可以是母语或第一语言非中文的华侨华人及其后裔；所教的内容是作为第二语言、外语或者其他语言的中文。[22]

毛里求斯华人在全国总人口中所占比例之高在非洲国家中是独一无二的，毛里求斯华文教育已有百年历史，因此毛里求斯的中文教育有着

较其他非洲国家更好的历史基础和社会基础。然而，进入 21 世纪后，许多非洲国家的中文教育表现出较毛里求斯更大的活力与更为强劲的发展势头。造成这种反差的主要原因是毛里求斯华人新生代对中文的认同度不高，缺乏学习热情。如前所述，因为生存环境的变化，毛里求斯华人的身份发生了重大改变，他们的语言态度和家庭的语言规划也随之改变，结果导致华人新生代对中文的认同度不断下降，这种趋势迄今为止没有得到根本扭转。1944~1990 年的六次人口普查数据显示，毛里求斯人在家使用中文的比例下降明显，从 1944 年的 2.4% 下降到 1990 年的 0.4%。[23] 1998 年，阿奴·比苏瑙斯（Anu Bissoonauth）的研究发现，在家里使用东方语言的人似乎随着年龄的增长而减少，而且相较于其他东方语言背景的同龄青少年，11~20 岁华裔青少年熟练掌握中文听说读写四项技能的比例是最低的；尽管历届毛里求斯政府都在努力将印度语和中文提升为"祖先语言"，但其使用人口总体上不断减少，大多数青少年认为他们的祖先语言不重要，相反认为英语和法语更有用，因为它们有助于教育的成功和向上的社会流动。[24] 张鑫、张贝的研究也证明，在 21 世纪，毛里求斯青少年仍呈现这样的倾向。张鑫认为，毛里求斯华人对中文的态度存在明显的代际差异，在中文学习过程中华裔青少年流失严重。[25] 张贝认为，毛里求斯华人群体的语言使用普遍出现了"克里奥尔化"的现象，即以克里奥尔语代替中文方言和普通话，与此同时，为了在当地获得更好的教育机会，还必须学好英语、法语这两种书面语言，而中文的实用性得不到凸显，从而阻碍了中文在毛里求斯华人中的传播。[26] 缺乏对中文的价值认同，必然无法激发出学习动机。

（二）发展进路

1997 年 11 月，毛里求斯、留尼汪和塞舌尔归侨联谊会会长王慧君在《镜报》上刊登长文《毛里求斯华文教育的症结与出路》，提出一个十分重要的观点："要振兴华文教育和扭转华文教育的颓势，不能单依赖当地的政府的多语教学的体制和措施，而应采取双管齐下的双轨制的办法，就是毛国教育部，应加强和重视华语教育，聘请和培养合格的华语教师，对现有的华语教师则必须定期集训和组织交流教学经验，以提高师资素质。另外要增加广播电台、电视台的华语节目，以便在华人中传播和普及华语（普通话），这是一面。另一方面，要发扬华人热心办教育的优良传统……充分动员华人社会不分派别和左中右，成立毛里求斯华文德育基金会，或新的华文教育促进会，推选有威望和热心华文教育的各界人士担任成员，同时充分动员全体华人慷慨捐款，万众一心，群策群力，建立一所高水平、设备完善的华文中学和附小，实行中、英、法文并进，并结合毛岛实际情况的体制，使其水平能与政府中、小学竞争，并参加当地的考试，做法可参考毛岛法文中学而保有华文学校的特色。"[4] 王慧君的这段话指出了毛里求斯中文教育发展过程中两个决定性的内部力量——毛里求斯政府和毛里求斯华人社会。此外，作为中文的母语国，随着国力的强大，中国协助毛里求斯中文教育发展的能力也在不断提升。结合上述毛里求斯中文教育的发展特点与挑战，未来毛里求斯中文教育发展应在三种力量的互动与协同中，从以下两方面寻求突破。

第一，加强中毛两国间的双边合作，夯实中文教育的社会基础，以本土高层次中文教师培养为优先事项，着力建设毛里求斯中文教育能力。

中毛两国政府要落实好新近签署的双边协议，包括自由贸易协定（2021 年生效）、《中毛教育合作谅解备忘录》与《中华人民共和国政府和毛里求斯共和国政府文化协定 2022 年至 2025 年执行计划》等，扎实推进两国在投资贸易、教育培训、人文交流等各领域的全面合作，以此"增进传统友好，拓展互利合作，促进共同发展，造福两国和两国人民"[27]。在这个过程中，毛里求斯各族人民自然能够感受到并且接受中文的经济价值和文化魅力，中文教育在毛里求斯的社会基础也能因此进一步被夯实。

毛里求斯中文教育有着良好的政治、政策与制度保障，面临的主要挑战是资源投入不足，能力建设有待加强。未来中毛两国可以依据《中毛教育合作谅解备忘录》的精神，加强在中文教育领域的合作，着力建设毛里求斯国民教育体系中文教育能力，而本土中文教师的培养应该是这种能力建设的切入点与重点。李宇明指出，本土化"是国际中文教育事业发展的必然要求，是对当地国教育的主动适应，是对国际中文教育所涉各方角色的理性定位，是中文发展为国际重要语言的必由之路"，教师教育的规划是国际中文教育本土化最为重要和急迫的任务之一，因为"有了足够量的当地中文师资，才能够有切合实际的中文教学大纲，才能够有适合当地学习的中文教材，才能使中文为当地国发展做出独特贡献"。[28] 毛里求斯虽已建立了从大专到硕士研究生的本土中文教师培养体系，但师资队伍薄弱，人才培养质量不高。毛里求斯老一代中文教师教育者和管理者已相继退休，而新生代中文教育领导者团队还未成型。为此，中毛两国相关政府部门以及高等教育机构可以因地制宜，通过项目创新、优化服务，共同支持毛里求斯高层次中文教师的成长，使之在未来毛里求斯本土中文教师培养、中文教材建设、中文教育政策规划和标准制定等方面发挥专业领导力和影响力，进而推进本国中文教育的高质量发展。

此外，中毛两国政府、教育机构、民间团体应加强国际合作，以需求为导向，开展"中文+职业技能"，如"中文+旅游""中文+金融"等教育，培养符合当地需要的复合型中文人才，提高中文学习者的就业能力；通过奖学金、中短期培训等方式，扩大中毛教育交流，增强中国及中文对毛里求斯学生的吸引力，营造更好的中文学习氛围。

第二，充分发挥毛里求斯华人社会的主体作用，推进国家与家庭层面中文教育规划，强化华裔青少年对中文与中华文化的认同感。

社会语言学家认为，改变语言态度、信仰或意识形态是语言复兴的第一步。语言政策与语言规划在很大程度上与灌输语言态度或改变其使用者的态度有关。例如，语言的地位规划会影响语言的声望，改变社会成员对语言价值的态度，从而促使社会成员接受一种语言。因此，一些学者甚至认为，态度规划本身就是语言规划的一个方面。语言规划的主体是多元的，它包括政府机构、教育机构、半官方机构或非政府组织，也包括社会团体与个人。[29]

毛里求斯华人社群是毛里求斯中文教育发展不可替代的力量。包括客家话、粤语和普通话等形式的中文是毛里求斯华人的祖语，因此毛里求斯华人自然是完善毛里求斯中文政策与规划的主体之一。如前所述，中文在毛里求斯不具有跨族社会交际的功能，同时在华人社区与家庭中的使用率也呈下降的趋势，甚至存在完全丧失家庭交际功能的可能；华人社群对中文的态度存在明显的代际差异，华裔青少年对自己的祖语明显缺乏认同感。因此，广大毛里求斯华人需要增强传承自身祖语的危机感和使命感，在各个层面上推进中文规划，增进毛里求斯人，特别是毛里求斯年轻一代华人对中文价值的认同。

为此，毛里求斯华人要发挥参政议政的传统，推动政府完善中文教育政策和制度保障，增加中文教育资源投入；发挥本土中文教师在毛里求斯中文本体规划与习得规划中的主体作用，推动毛里求斯中文教育与时俱进，高质量发展；华人社区和华人社团应提升"身份和文化自觉"，加强华文学校、华文媒体、华人网络社区、中文资源建设以及语言景观保护与规划，发挥老年华人对年轻的祖语学习者在语言意义创造和社会文化知识构建方面的引导；此外，还应重视家庭的语言规划，重视为孩子营造中文学习氛围，为孩子学习中文提供资源支持和语言接触机会。[30] 作为母语国，中国政府、教育机构、研究者、准政府组织、非政府组织以及中资企业可以各种形式为毛里求斯华人的中文规划实践提供支持，特别是在中文本体、习得与态度的规划上。

五　结语

毛里求斯被誉为"一带一路"中非合作的"桥头堡"。毛里求斯的中文教育面临着与其他非洲国家既有共性又有区别的发展环境与发展挑战，我们要努力识别影响其发展的主要力量和主要问题，策略性采取行动，助力毛里求斯中文教育高质量发展，努力将它打造成为国际中文教育的区域性中心。与此同时，毛里求斯中文教育的发展与毛里求斯华人社会的发展息息相关，只有中文教育发展了，华人社会的联系纽带与文化身份才能维系和强化。因此，意义重大。

注释：

[1] 李宝贵，庄瑶瑶．中文纳入非洲国家国民教育体系的特征、挑战与路径 [J]．河南大学学报（社会科学版），2023（1）：131-138+156.；曹凯．非洲"中文热"不断升温的背后 [N]．参考消息，2022-4-21（7）.

[2] 尹冬民，唐培兰．中文纳入各国国民教育体系发展状况研究 [J]．语言文字应用，2022（4）：77-87.

[3] 李宝贵，庄瑶瑶．汉语纳入海外各国国民教育体系之方略探索 [J]．现代传播（中国传媒大学学报），2020（1）：84-88.；李宝贵，庄瑶瑶．中文纳入非洲国家国民教育体系的特征、挑战与路径 [J]．河南大学学报（社会科学版），2023（1）：131-138+156.；李宝贵，柳睿杰．中文纳入南非国民教育体系的现状、动因、挑战与对策 [J]．语言教育，2022（3）：98-111.；李宝贵，魏禹擎．中文纳入埃及国民教育体系的动因、模式与优化路径 [J]．民族教育研究，2022（3）：153-160.

[4] 李安山．非洲华人社会经济史 [M]．南京：江苏人民出版社，2019.630，1042.

[5] 郭熙．论祖语与祖语传承 [J]．语言战略研究，2017（3）：10-19.

[6] 王辉，郑崧．人类命运共同体视域下非洲中文传播的实践进路 [J]．西亚非洲，2022（5）：86-108+158-159.

[7] 刘岩．毛里求斯汉语教学的发展及现状 [J]．汉语国际教育研究（第1辑），2016（0）：199-210.

[8] Federica Guccini. Discourses of Tension in a Rainbow Nation：Transcultural Identity Discourses of Tension in a Rainbow Nation：Transcultural Identity Formations among Hakka Mauritians. 2022. Electronic Thesis and Dissertation Repository. 9026. https：∥ir. lib. uwo. ca/etd/9026 [2023-08-10].

[9] 中华人民共和国商务部网站．毛里求斯国家概况 [EB/OL]．http：∥mu. mofcom. gov. cn/article/ddgk/zwrenkou/201406/20140600618798. shtml（2014 - 06 - 01）[2023-08-10].

[10] Emi Sauzier-Uchida. Language Choice in Multilingual Mauritius — National Unity and Socioeconomic Advancement. Journal of Liberal Arts, 2009，（126）：99-130.

[11] 杨洋．毛里求斯语言政策研究 [D]．昆明：云南师范大学，2016.

[12] 段颖，陈志明．跨洋流动、地方适应与中国联结——毛里求斯华人社团与社

会探析 [J].海交史研究，2017（1）：92-104.

[13] Gerda Sonck. Language of Instruction and Instructed Languages in Mauritius [J]. Journal of Multilingual and Multicultural Development, 2005（1）：37-51.

[14] Spolsky, B. Language management. Cambridge：Cambridge University Press, 2009.

[15] Mauritius. Ministry of Education, Culture and Human Resources. Education and human resources strategy plan 2008-2020 [EB/OL].2009. https：//planipolis. iiep. unesco. org/2009/education-and-human-resources-strategy-plan-2008-2020-4894 [2021-08-10].

[16] Mauritius. Ministry of Education, Culture and Human Resources. National Curicula Framework. Primary, 2009：66.

[17] Mauritius. Ministry of Education, Culture and Human Resources. National CuriculaFramework, Secondary, 2009：35.

[18] 李宝贵，庄瑶瑶.中文纳入非洲国家国民教育体系的特征、挑战与路径 [J].河南大学学报（社会科学版），2023（1）：131-138+156.

[19] 宋洁.毛里求斯的多元文化主义 [D].北京：北京大学，2008.

[20] 刘林燕，杜敏，付明端.毛里求斯国际中文教育呈现新气象 [N].中国社会科学报，2022-10-10（007）.

[21] 吴应辉.汉语国际教育面临的若干理论与实践问题 [J].云南师范大学学报（哲学社会科学版），2016（1）：38-46.

[22] 王辉，冯伟娟.何为"国际中文教育" [N/OL]，光明网.https：//m. gmw. cn/baijia/2021-03/15/34688036. html.（2021-03-15）[2023-08-10].

[23] Anil Kumar Biltoo. Language Maintenance and Language Shift in Mauritius：A sociolinguistic investigation into the language practices of Bhojpurias [D].Thesis submitted to the University of York, 2004：30.

[24] Anu Bissoonauth. Language Use, Language Choice and Language Attitudes among Young Mauritian Adolescents in Secondary Education [D].Thesis submitted to the university of Nottingham for the degree of Doctor of Philosophy, December 1998.

[25] 张鑫.毛里求斯汉语教学调查 [J].世界教育信息，2010（9）：61-63.

[26] 张贝.毛里求斯华人语言学习与文化认同的个案研究 [D].重庆：西南交通大学，2018.

[27] 新华社.习近平同毛里求斯总统就中毛建交50周年互致贺电 [N/OL].ht-

tps://www. gov. cn/xinwen/2022-04/15/content_5685409. htm. （2022-04-15）
[2023-08-10].

[28] 李宇明. 国际中文教育的当地化问题 [J]. 南开语言学刊，2022（2）：19-21.

[29] Bernadette O'Rourke and Gabrielle Hogan-Brun. Language Attitudes in LanguagePol-
icy and Planning [C]. The Encyclopedia of Applied Linguistics, Edited by Carol
A. Chapelle. Blackwell Publishing Ltd. , 2013：1-4.

[30] 林瑀欢. 海外华语传承研究综述 [J]. 语言战略研究，2021（4）：65-78.

Chinese Education in Mauritius: Nature Change, Development Characteristics and Development Path

Zheng Song[1] , Yin Jianyu[1,2]

（ College of International Education and Social Development, Zhejiang

Normal University, Jinhua, Zhejiang, 321004;

School of Foreign Language and International Business, Guilin University

of Aerospace Technology, Guilin, Guangxi, 410004）

Abstract: Mauritian Chinese education is the origin of the development of Chinese education in Africa over the past century. In the 20th century, Chinese education in Mauritius underwent a historical transition from being primarily focused on teaching the ancestral language of the Chinese diaspora to promoting the teaching of the ancestral language of the local ethnic Chinese population. Mauritius adheres to multiculturalism and, under a multilingual system, Chinese education is supported by stable policies and institutional frameworks, demonstrating a steady development trend. However, Chinese education in Mauritius faces several challenges. These include insufficient resources for Chinese education and a lack of stable and highly qualified teaching staff. Additionally, the communicative value of Chinese within the Chinese community has declined, and Chinese language proficiency among Chinese youth is lacking. In the future, it is important to strengthen bilateral cooperation between China and Mauritius, solidify the social foundation of Chinese education, prioritize the training of local high-level Chinese language teachers, and enhance the overall capacity of Chinese education in Mauritius. It is also crucial to fully leverage the role of the Mauritian Chinese community, promote Chinese education planning at both national and family levels, and strengthen the sense of identity among ethnic Chinese youth towards the Chinese language and culture.

Keywords：Mauritius；Chinese Education；Development Characteristics

坦桑尼亚本土中文教师培训需求研究[*]

鲍　蕊　杨耀华^{**}

摘　要｜本研究通过问卷调查和访谈，基于组织、任务、人员三层面培训需求分析模式，探析坦桑尼亚本土中文师资培训需求。研究发现本土师资倾向于寒暑假集中培训或工作期间集中培训，期望通过教育部中外语言交流合作中心（简称语合中心）或孔子学院给予经费支持来华参加培训，喜欢中国教师提供培训服务，期待多元化的培训方式和与直接提升专业能力相关的培训内容，参训意愿和参训动机都比较强烈。基于此，本研究认为需充分发挥孔子学院的作用，提高培训的针对性和实用性，强化培训后续跟踪服务，健全培训经费保障制度，组织国内专家参与培训，以更好地提升坦桑尼亚本土中文师资培训效果和培训质量，服务当地中文教育高质量发展。

关键词｜坦桑尼亚；本土中文教师；培训需求

---

* 本研究为国家社科基金一般项目"非洲孔子学院本土化模式及路径研究"（19BYY038）的阶段性成果之一。

** 鲍蕊，浙江师范大学国际文化与社会发展学院副教授，硕士生导师，研究方向为国际中文教育、第二语言习得等；杨耀华，义乌高新区小学语文教师。

近年来，在当地孔子学院大力支持下，坦桑尼亚中文教育发展迅速，本土中文教师队伍不断壮大，但作为中文非母语使用者，本土中文教师中文水平和教学技能都有待进一步提升，因此，亟须加强本土中文师资培训。通过培训，本土中文教师能够及时更新和补充专业知识，强化专业技能和教学水平，进而提升教学质量。据调查，坦桑尼亚中文师资培训现状不太理想，只有大学中文教师有较多的培训机会，而中小学本土中文教师几乎很少参加过师资培训。目前师资培训主要由当地孔子学院和国内高校来组织，培训形式较多，既有线上也有线下，包括专家讲座、模拟教学、课堂观摩、教学案例分析、教师讲解、文化考察等；培训内容丰富，涉及中文本体知识及教学、中文技能教学、教学法、中国文化常识、中华才艺、课堂组织管理等方面，但比较重视中文本体知识和教学技能培训；培训经费主要由语合中心或当地孔子学院承担，授课师资大多来自国内的专家学者。此外，目前坦桑尼亚本土中文教师存在一些问题，如培训体系不完善、培训实用性和针对性不强、培训时间安排不合理、培训经费投入不足等，严重影响本土中文教师的培训效果和培训质量。因此，有必要全面掌握非洲本土中文师资的培训需求，提供真正契合他们需要的培训服务，进而提高培训质量。本研究通过问卷调查和访谈两种方式，探寻坦桑尼亚本土中文师资培训需求，并提出相应的改善策略，为提升和优化非洲本土中文师资培训提供参考和借鉴。

一 研究设计

（一）研究对象

本研究以坦桑尼亚 42 位本土中文教师为样本，其中男性 29 位，女性 13 位，绝大多数（92.86%）教师在 40 岁以下，只有 3 位教师在 40 岁以上。从任教单位来看，有 23 位中学教师，17 位大学教师，2 位小学教师，他们都有本科及以上学历，且大多数教师（73.81%）有中国留学经历，其中有 25 位教师中文专业出身，15 位毕业于教育学及相关专业，2位教师分别毕业于文学专业和国际贸易专业。从中文水平来看，大多数教师（n=20）通过了 HSK3、HSK4 级，12 位教师通过了 HSK6 级，少数教师（n=5）通过了 HSK5 级，3 位教师通过 HSK1~2 级，2 位教师未参加过 HSK 考试。就任教年限来看，大多数教师（n=27）任教时间为 1~5 年不等，10 位教师任教不到 1 年，少数（n=5）有 5 年以上任教时间。周课时方面，22 位教师每周 10 课时及以下，占比为 52.38%；有 18 位教师每周 11~20 课时，占比为 42.86%；只有 2 位教师周课时量超过 20 节。

（二）数据收集

本研究主要参考段孟君（2021）关于泰北中小学本土中文教师继续教育需求的调查问卷，全面探析坦桑尼亚本土中文师资培训需求。问卷有两部分：一部分是教师背景信息，包括任教单位、性别、年龄、学历、专业、当前中文水平、教龄、周课时量、是否去过中国留学、从事中文教师的原因；另一部分聚焦培训需求，根据组织—任务—人员（Organization-Task-Person Model）这一经典培训需求分析模式进行问卷设计，组织层面聚焦培训实施环境，包括培训时间、培训地点、培训经费支持、培训授课师资、培训方式 5 个方面；任务层面聚焦培训内容，集中在专业知识、专业技能、专业实践三个维度；人员层面聚焦参训意愿和参训动机。培训需求问题均为李克特量表（Likert scale）题目，答案从"非常不需要"到"非常需要"设有 5 个等级，其中"非常不需要=1""非常需要=5"，得分越高，说明需求越强。为确保问卷有效性，检测问卷克隆巴赫系数为 0.871，说明问卷信度较好。正式问卷通过问卷星发放，共回收 49 份问卷，其中有效问卷 42 份，回收率为 85.71%。

为深入探析本土中文师资培训需求，本文通过随机抽样，对 10 位教师进行一对一半结构式访谈，通过微信语音形式，围绕本土师资培训现状、存在不足、相关建议等问题展开，每个访谈约为 30 分钟，访谈录音由本文第二作者转写成文本进行数据分析。在本研究中，问卷调查是主要数据，访谈文本作为辅助数据，两种数据互为观照，共同阐释坦桑尼亚本土中文师资需求。

二　坦桑尼亚本土中文教师培训需求

问卷数据分析基于组织、任务、人员培训需求分析模式，分别从组织层面、任务层面、人员层面阐释坦桑尼亚本土中文师资培训需求。

（一）组织层面

组织层面关注本土中文教师培训资源供给，包括培训时间、培训地点、培训经费支持、培训授课师资、培训方式。

1. 培训时间与培训地点

问卷调查结果显示（见表1），最喜欢的培训时间段是寒暑假集中培训，占比为45.24%，其次是工作期间集中培训，占比为40.48%，而选择在周末分散培训的本土中文教师最少，只占14.29%，这可能说明非洲本土中文教师日常工作任务繁重，周末还需要处理一些家庭事务，因此他们不太愿意占用周末时间参加额外培训，而寒暑假期时间充裕，精力比较集中，或者认为平常工作期间参加一些培训没有完成额外任务的感觉，这两个培训时间不但能够让本土中文教师及时"充电"，还没有增加工作负担，因此，他们更倾向于寒暑假或平常工作期间的集中培训。对于培训地点需求，问卷调查结果显示，绝大多数本土教师（76.19%）更愿意到中国参加培训。原因可能是目的语环境下的沉浸式学习更有利于提升中文水平，加深他们对中国文化的感知和理解。然而，来华培训在时间、规模和经费上都有一定的限制，不能满足所有教师的需求。这一现象在访谈中也被提及。4位受访教师表示虽然十分期待来中国参加培训，但培训时间不好安排，常常与个人教学任务发生冲突，如其中一位谈道：

参加培训最大的困难就是培训时间安排得不太合理，我们学校放假的时候，中国会有一些培训，但我们的学生这个时间要出去实习，我们也要一起去指导他们，这个时候跟培训时间会有冲突，我就不能去参加培训了。(T4)

除此之外，有14.29%的本土中文教师希望在当地参加培训，这种培训方式空间位移小，便捷性大，且举办方通常是孔子学院，培训授课师资也有一定的保障，受经费有限的教师青睐。仅有少数教师（4.76%）希望参加线上远程培训。从访谈中得知，线上培训需求小的原因主要有两方面：一是非洲国家网络基础设施落后，网络费用贵且信号传输不稳定，再加上不定时停电，培训效果难以保障；二是线上培训无法与指导教师面对面交流，培训效果不如线下培训。

表1 培训时间与培训地点需求

	选项	频数	百分比（%）
培训时间	工作期间集中培训	17	40.48
	周末分散培训	6	14.29
	寒暑假集中培训	19	45.24
	总计	42	100.00
培训地点	到中国参加培训	32	76.19
	在当地参加培训	6	14.29
	线上远程培训	2	4.76
	其他	2	4.76
	总计	42	100.00

2. 培训经费与授课师资

目前组织或支持非洲本土中文教师培训主要有当地学校、当地教育主管部门、孔子学院/课堂、语合中心。问卷数据调查显示（见表2），绝大部分教师（85.71%）希望语合中心或孔子学院给予培训经费支持，7.14%教师希望培训经费由任教学校报销，只有少数教师（4.76%）希望当地教育部门全额拨款支持培训经费，极少数教师（2.38%）表示培训费用可以完全自理。由此可见，非洲本土中文教师培训整体上依赖中方和孔子学院的支持。访谈数据中，6位受访教师强调中非双方经济发展水平差距较大，中国政府应给予本土中文教师培训更大的资助力度，如其中一位谈道：

> 中国政府应该在经济上更多地支持我们，让我们可以舒适地教学，把语言带到更高的高度。事实是我的国家在经济上没有中国发展那么好。所以，如果我们缺乏来自中国政府的资金和物质支持，我们也没有更多的机会参加培训。（T10）

对于授课师资，超过半数（57.14%）教师希望授课师资全部来自中国，21.43%的教师希望中国教师和本土教师各占一半，而仅有少部分人（不到5%）希望授课师资大部分是本土教师或全部是本土教师。理论上看，本土中文教师具有明显的语言优势，且熟悉本国教育体制以及学生特点，作为培训对象是比较理想的，但非洲本土中文教师整体质量不高，熟手教师少，专家型教师更为稀缺，所以中国教师受到本土中文教师的青睐，访谈过程中，多位受访教师强调需要中国专家参与培训全过程，确保培训质量，如其中一位谈道：

> 我建议坦桑尼亚所有与汉语打交道的机构都需要中国专家参与日常活动。例如，教师培训以及坦桑尼亚教育机构在准备课程和其他教育材料（方面）都需要来自中国专家的支持。这将有助于促进坦桑尼亚汉语的发展。（T9）

这也从另一方面反映本土中文教师培训具有较好的实践价值。通过培训，非洲本土中文师资整体教学水平不断提高，逐渐打造成为一支高质量的本土师资队伍。

表 2　培训经费和授课师资需求

	选项	频数	百分比（%）
培训费用	完全由教师自理	1	2.38
	任教学校报销	3	7.14
	任教学校与教师分担	0	0.00
	当地教育部门全额拨款	2	4.76
	语合中心或孔子学院给予经费支持	36	85.71
	总计	42	100.00
培训授课师资	全部是中国教师	24	57.14
	中国教师和本土教师各占一半	9	21.43
	大部分是中国教师，小部分是本土教师	7	16.67
	大部分是本土教师，小部分是中国教师	1	2.38
	全部是本土教师	1	2.38
	总计	42	100.00

3. 培训方式

问卷调查结果显示（见表3），坦桑尼亚本土中文教师对培训方式需求呈现多样化特点，需求较高的分别有专家讲座（42.86%）、教师经验分享（42.86%）、课堂观摩（38.10%）和文化考察（38.10%）。其中，"专家讲座"可以丰富本土教师专业相关知识，还可以与专家学者面对面沟通，详细咨询个人教学过程中遇到的各种"疑难杂症"；"教师经验分享"可以通过同行之间交流分享，取长补短，互相学习，促进教师对自身教学的反思；"课堂观摩"可以清晰直观地呈现完整的教学环节和流程，为个人教学提供参考和借鉴；"文化考察"为本土中文教师提供亲身体验中国文化的机会，加深对中国文化的正确理解和感知，提高职业认同感，表明本土中文教师青睐专业性、直观性且具有一定实践性的培训形式。此外，本土教师对模拟教学、教师讲解、分组讨论、教学案例分析也有一定的需求，但这些培训形式学术性强、挑战度大，对教师自身中文水平和教学能力要求较高，所以需求程度相对较小，这也从另一方面说明本土中文教师更倾向于直接受益于个人教学的培训形式。

表 3 培训方式需求

选项	频数	百分比（％）
专家讲座	18	42.86
模拟教学	12	28.57
课堂观摩	16	38.10
教学案例分析	10	23.81
教师讲解	11	26.19
文化考察	16	38.10
分组讨论	11	26.19
教师经验分享	18	42.86

注：该题为多项选择题，故百分比之和大于100%。

（二）任务层面

任务层面分析聚焦培训内容，主要包括专业知识、专业技能、专业实践三个方面。

1. 专业知识

本土中文教师在专业知识需求方面主要关注中文知识以及中国文化和中国国情知识两个方面。问卷调查结果显示（见表4），就中文知识来说，本土教师需求较强的有语法知识（M=4.91）、语音知识（M=4.86）和汉字知识（M=4.67），这可能与汉语语言特点有关。汉语句型和语法规则繁多、语序灵活，往往还有很多例外情况，这些给本土中文教师语法学习带来很大困难。他们对语法的掌握不够，所以需求最大。汉字作为表意文字一直是学习者学习中文的一大障碍，外国学习者在汉字的书写、认读、使用等方面都存在很大困难，这对于非洲本土中文教师也不例外，所以他们亟须加强汉字培训。中文语音，特别是声调对外国人来说学习困难较大，且他们在短时间内很难准确掌握中文的发音和声调，因此，他们对语音培训的需求强烈。这一需求在访谈中也有所体现，如其中一位教师谈道：

> 我需要口语方面的培训，因为咱们本土老师也没有那么多知识，也没有那么长时间的经验，培训要教我们怎么说标准的汉语，没有那个口音，最好你们可以来我们的课堂看看，直接教给我们一些有用的方法。（T3）

表4 专业知识需求

	选项	样本量	最小值	最大值	平均值	标准差
中文知识	语音知识	42	4	5	4.86	0.35
	词汇知识	42	3	5	4.57	0.67
	语法知识	42	4	5	4.91	0.30
	汉字知识	42	2	5	4.67	0.65
中国文化与中国国情知识	中国文化常识	42	3	5	4.79	0.52
	中国成语和俗语知识	42	3	5	4.76	0.53
	中国网络流行语	42	1	5	4.62	0.85
	中国国情概况和时政热点	42	1	5	4.52	0.92

对于中国文化和中国国情知识，本土教师对中国文化常识（M = 4.79）、中国成语和俗语知识（M = 4.76）以及中国网络流行语（M = 4.62）的培训需求都很高，这在访谈过程中也有所体现，7位受访教师都谈到期望培训能够增加中国文化方面的知识，提升自己专业知识和专业水平，如：

> 我还希望接受与教学有关的培训，像编制大纲。因为大纲很重要，有了大纲，我们可以按大纲来教汉语。文化也是需要的，我上课的时候，学生会问我一些文化知识，我也不太了解，不知道怎么跟学生说。（T8）

除此之外，培训内容要真正契合参训教师的实际需求，否则师资培训就成为一项"劳民伤财"的工程，如其中一位受访教师谈道：

> 我之前参加的培训，就有一个问卷，让我们填姓名、学校，还有汉语水平，没有问我们对培训有什么需求，培训课程一般都确定好了，说实话，很多课程我不感兴趣。（T4）

2. 专业技能

专业技能需求包括中文要素教学、中文技能教学、跨文化交际和教育技术四个部分。问卷调查结果显示（见表5），对于中文要素教学，本土教师需求较高的是语音教学（M=4.88）、语法教学（M=4.86）和汉字教学（M=4.76），这说明本土教师在语音、语法和汉字方面还有提升空间，希望通过培训来提高个人语音、语法、汉字三要素的教学能力。访谈过程中多位受访教师也谈到在三个要素教学方面存在的不足。例如，两位受访本土中文教师认为发音在中文口语交际中非常重要，即使中文水平再高，发音不标准也会影响正常的交际；4位受访教师认为对于非汉字文化圈学习者来说，汉字是公认的教学难点，特别是汉字的笔顺，大多数学习者在接触汉字时容易产生畏难情绪，导致学习积极性不高，因此，亟须强化这些要素的教学技能。此外，对语音、语法、汉字方面的需求也反映了他们更加注重培训的实用性，期待培训的内容可以直接反哺自己的教学实践，改善教学效果。

中文技能教学方面，无论是阅读课教学（M=4.81）、口语课教学（M=4.81）、写作课教学（M=4.81），还是听力课教学（M=4.79）、综合课教学（M=4.76），本土中文教师都有强烈的培训需求，这可能与非洲中文教育现状有关。整体来看，非洲中文教育基础薄弱，软硬件条件都比较落后，本土中文师资教学技能亟待进一步加强。

跨文化交际方面，本土教师对中非文化对比（M=4.76）、中非跨文化交际（M=4.74）培训需求较高。访谈过程中，3位受访教师强调亟须强化个人中国文化知识，特别是成语、典故方面的知识，使他们能够更充分地把知识传授给学生，激发学生兴趣，同时能够提升个人的跨文化交际能力，降低沟通成本，提高与中方教师的合作效率。

对于教育技术，本土教师对在线中文教学平台使用、在线中文教学资源介绍、在线中文教学方法与技能、在线中文教学管理与互动等的培训需求也比较高。随着现代信息技术发展，特别是新冠疫情暴发以后，在线教育因其突破时空限制、资源共享能力强、受众覆盖面积大的优势而逐渐发展成为国际中文教育的一种新趋势。近年来，非洲国家开始加大力度支持本国网络基础设施建设，注重教育信息化、数字化改革，例如非洲首家语合智慧教室已经在莫桑比克蒙德拉内大学孔子学院正式投入使用了。[①] 在这样的大背景下，本土中文教师希望更多借助教育技术辅助个人的教学，提高教学质量。

表 5　专业技能需求

	选项	样本量	最小值	最大值	平均值	标准差
中文要素教学	语音教学	42	3	5	4.88	0.40
	词汇教学	42	3	5	4.62	0.58
	语法教学	42	3	5	4.86	0.42
	汉字教学	42	1	5	4.76	0.69
中文技能教学	综合课教学	42	2	5	4.76	0.58
	听力课教学	42	2	5	4.79	0.61
	阅读课教学	42	3	5	4.81	0.46
	口语课教学	42	1	5	4.81	0.67
	写作课教学	42	2	5	4.81	0.59
跨文化交际	中非文化对比	42	3	5	4.76	0.53
	中非跨文化交际	42	3	5	4.74	0.54

① 信息源自《非洲首家语合智慧教室正式投入使用》，非洲中文教育实践与研究基地公众号 2023-04-17，https://mp.weixin.qq.com/s/PnHHnA15n6gcCr2nOAAQKA。

续表

	选项	样本量	最小值	最大值	平均值	标准差
教育技术	在线中文教学平台使用	42	2	5	4.26	0.91
	在线中文教学资源介绍	42	2	5	4.29	0.92
	在线中文教学方法与技能	42	2	5	4.38	0.80
	在线中文教学管理与互动	42	2	5	4.41	0.83
	在线中文教学视频制作	42	2	5	4.52	0.77

3. 专业实践

对于专业实践，问卷调查数据显示（见表6），本土教师对中文教学标准和教学大纲的分析和应用（M=4.74）、教学资源和教学道具的制作与利用（M=4.67）、教学计划和教案的编写（M=4.64）以及中文练习与试卷的编制（M=4.64）的培训需求都比较高。其次是课堂管理的方法与技巧（M=4.55）和课堂活动的组织与策划（M=4.52）方面的培训需求也较强烈。总体来看，本土中文教师对专业实践培训需求高，说明非洲本土师资专业实践积淀不够，专业实践能力比较弱，亟须强化课堂教学计划、组织管理、教学资源制作等方面的能力。此外，非洲中文教学资源匮乏，特别是本土中文教材，如何组织鼓励本土中文教师在教学之余搜集整理相关资料编写本土中文教材，也是大部分本土中文教师的迫切需求。

表6 专业实践需求

	选项	样本量	最小值	最大值	平均值	标准差
课堂教学计划	中文教学标准和教学大纲的分析和应用	42	3	5	4.74	0.50
	教学计划和教案的编写	42	1	5	4.64	0.85
	中文练习与试卷的编制	42	1	5	4.64	0.82
课堂组织与管理	课堂活动的组织与策划	42	1	5	4.52	0.99
	课堂管理的方法与技巧	42	1	5	4.55	0.92

续表

选项		样本量	最小值	最大值	平均值	标准差
教学资源选择与利用	教学资源和教学道具的制作与利用	42	3	5	4.67	0.61

（三）人员层面

人员层面聚焦本土中文教师的参训意愿和参训动机。有效的师资培训不仅取决于培训内容，参训教师的意愿和动机也直接影响他们是否通过培训可以获得专业知识、改变教学行为或提高教学技能等。

1. 参训意愿

问卷调查结果显示，绝大多数教师（92.86%）认为十分有必要参加培训，只有少部分教师（7.14%）认为比较需要，这说明非洲本土中文教师的参训意愿十分强烈，也从另一个侧面说明当前师资培训并没有很好地满足本土教师的需求。访谈过程中，4 位受访教师认为需提供更多的培训机会，让更多中文教师从中受益，如其中一位谈道：

> 我在中学工作，我喜欢教学生学汉语，我很少有机会参加孔子学院的培训，我离孔子学院有点儿远，我觉得我们非常需要培训，希望孔子学院能多多培训我们。（T6）

另外，多位受访的中文教师谈到由于任教单位、任教时间、学历、中文水平等方面差异，培训组织方不能对培训对象"一刀切"，要注重培训的层次性、多样性，精准对接教师的不同需求，对症下药，提供相应的培训内容，如其中一位谈道：

> 我的汉语不太好，跟他们（孔院教师）一块培训，我有时候听不懂老师说的话，我希望老师把我们分开，根据我们的汉语水平。（T5）

值得一提的是，两位受访教师强调希望培训结束后还要有后续的跟踪指导和服务。教师在将培训所学知识应用到教学实践过程中可能会遇到各种各样的问题，非常期待得到培训授课教师的反馈、解答和帮助，达到学以致用，如其中一位谈道：

> 我们培训结束后，就回去上课了，没有人来听课，问问我们学得怎么样，看看我们的教学有没有进步。我遇到问题的时候，也不知道怎么去问老师，如果培训后还有人指导我，我会非常开心。（T7）

然而，现有培训大多重视培训内容和过程，往往忽视了培训后的跟踪服务，弱化了培训的延伸效应，如一位受访教师谈道：

> 我们在参加培训的时候，会让我们提前加一个微信或者WhatsApp的群，然后通过这个群发一些通知，但是培训完了，这个群就没人聊天了，我加了好几个，都这样。我们有问题的时候，我希望群里的老师可以继续帮助我们。（T1）

2. 参训动机

问卷调查结果显示（见表7），绝大多数教师（97.62%）是为了提高专业水平和教学能力而参加培训，42.86%的本土教师希望与时俱进，跟上现在的教育形势，一部分教师（35.71%）想通过培训为自身职业发展或规划做准备，还有一小部分（11.90%）教师觉得参加培训能够带来某些收益。此外，少数教师（9.52%）参加培训是出于任教学校或领导的硬性要求。从整体上来看，本土教师参训动机较高，他们迫切希望通过培训能够提升自身的专业知识和技能，提高教学能力，在教学工作中获得任教单位、教学对象及教学同行对其工作能力的认可和工作成果的肯定，但也有极小部分教师主要受外部因素驱使，如学校要求等，参训动机被动，积极性不高。

表7 参训动机需求

选项	频数	百分比（%）
提高专业水平和教学能力	41	97.62
与时俱进，跟上现在的教育形势	18	42.86
任教学校或领导的硬性要求	4	9.52
为自身职业发展或规划做准备	15	35.71
看别人参加，我也参加	0	0.00
开阔自己的视野，扩大人际交往	8	19.05
参加培训能够带来某些收益	5	11.90
其他	0	0.00

注：该题为多项选择题，故百分比之和大于100%。

三 坦桑尼亚本土中文师资培训提升策略

基于坦桑尼亚本土中文师资培训需求和访谈数据的综合分析，我们从以下5个方面探讨如何更好地提高本土中文教师培训质量。

（一）充分发挥孔子学院的作用

孔子学院作为语言文化推广机构，它的职责之一就是培训本土中文教师。然而，目前坦桑尼亚孔子学院组织的培训大部分面向所属单位或就近区域的本土教师，对偏远地区的中小学本土中文教师关注较少。为此，孔子学院应在师资培训方面起到组织、引领和示范作用（徐丽华、郑崧，2011），扩大培训覆盖面。首先，要充分利用现有中文师资以及国内承办院校的资源优势，定期为当地中文教师提供培训。其次，注重与当地中学项目组合作，扩大培训辐射面，促进当地教师协同发展，共同进步。再次，可以借鉴其他孔子学院培训经验，丰富培训层次，满足当地教师的个性化需求。例如，喀麦隆雅温得第二大学孔子学院开展了大区集中培训、孔子学院培训以及赴华进修培训三个不同层次的培训，强化培训效果（吴强，2022）。最后，本土教师遇到的教学问题不可能在培训中全部得到解决，孔子学院应提供后续服务，可以随时为本土中文教师"排忧解难"（靳卫卫、郑天刚，2013）。

（二）提高培训的针对性和实用性

目前国内外本土中文教师培训虽然在一定程度上提高了本土教师专业能力，但这些培训大多是自上而下的模式，往往脱离于教师本土化实践（姜丽萍、李俊芬，2012）。因此，坦桑尼亚本土师资培训基于当地教师实际需求，切实聚焦解决教学痛点问题，提高参训积极性和主动性，提升本土师资整体素质。为此，可借鉴英国谢菲尔德大学孔子学院培训经验（王治敏、Lucy，2018），一方面，培训前充分尊重本土中文教师的需求，梳理汇总教师问题，充分利用各种资源，开展针对性培训，帮助教师实现自我提升；另一方面，邀请学界知名专家，开展针对本土中文教师的专题讲座、教学展示等多元化培训内容，"对症下药"，真正对接本土中文师资需求。

（三）强化培训后续跟踪服务

培训后的跟踪服务和指导工作是促进教师培训成果物化的重要环节，也是提高教育质量的重要保证。因此，师资培训不仅注重培训期间的学习管理，还要关注培训后的跟踪服务和指导（龚俊波，2017）。然而，现有相关培训侧重培训过程管理，对参训教师后续指导不够。因此，需强化培训后续服务指导。孔子学院培训相关人员可以定期走访本土中文教师任教单位，现场观摩他们的教学过程，进行现场交流，及时指出教学过程中的优缺点，帮助教师自我反思；对于来华培训和线上远程培训，因其"时""空"限制，培训组织方可以利用互联网优势组建相关群组，定期邀请相应数量教师入群，进行辅导，助力解决本土中文教师遇到的教学问题。

（四）健全培训经费保障制度

经费是本土师资培训的重要保障。当地孔子学院应针对客观、合理的培训需求在力所能及范围内继续做好本土中文教师培训组织、管理、师资等保障工作。同时，根据本土教师实际情况、职业素养和综合表现给予梯度资助，减轻其经济压力（刘岩，2022），让培训真正服务到有需要的本土教师，避免资源浪费，促进培训效果最大化。另外，当地政府也应该有所作为，加大本土中文教师培训支持力度。最后，建立本土中文教师培训经费分担机制。随着中文教学本土化进程的深入推进，本土中文教师培训将成为一个常规项目，单纯依靠孔子学院经费支持并非长久之计，[①] 应建立由当地政府、任教学校、当地企业、本土中文教师等多元主体参与的经费支持制度，扩大受训教师受众面，提高本土中文师资整体质量，促进本土师资培训良性发展。

（五）组织国内专家参与培训

近年来，国际中文教育领域在学科建设、资源研发、学术研究等方面都取得了显著成绩，中文教学模式、方法更加成熟。因此，坦桑尼亚本土师资培训应多聘请国内专家学者参与，他们专业知识扎实，教学经验丰富，把握学科前沿动态，学术成果丰硕，对国际中文教育有深入的研究和独特的见解，能够为本土师资提供丰富的专业知识和实践经验，引导本土教师不断完善和提升个人教学技能和水平，成长为一支高质量的本土师资队伍，服务非洲国家中文教育高质量发展。

四 讨论

本研究结果显示坦桑尼亚本土中文师资倾向于寒暑假集中培训或工作期间分散培训，期望通过语合中心或孔子学院给予经费支持来华参加培训，喜欢中国教师提供培训服务，这一结果不同于裴丽昆、李鑫、黄妍琪（2016）的研究发现，即澳大利亚中小学中文教师更希望本土专业机构组织的培训。造成这一不同的原因可能是相对于澳大利亚完善的

---

① 此信息来源于中文院长的非正式访谈。

师资培训制度和充足的培训经费支持，非洲中文教育基础薄弱，培训经费短缺，中文教育主要依赖中国，因此他们更期待在中方经费支持下来中国培训，进而提升个人专业能力。

在培训方式上，坦桑尼亚本土中文教师对专家讲座、教师经验分享、课堂观摩和文化考察的需求比较高，这与瞿玉蕾和刘晶晶（2019）、王玉坤（2021）、盛双霞和柯航（2013）的研究结果有相似之处，这说明非洲本土中文教师倾向于互动性、实践性、直观性、体验性较强的多元化培训方式，注重个人综合素养的提升和塑造。对于培训内容，他们对专业知识、专业技能、专业实践需求最为强烈，这与王思莹（2021）、叶慧云（2020）的研究发现相呼应，说明非洲本土中文教师具有共同的培训需求特点，希望通过培训强化他们自身专业能力和专业素养。

五　结语

本研究通过问卷调查和访谈，基于组织、任务、人员培训需求分析模式，探析坦桑尼亚本土中文师资培训需求，研究发现本土中文教师倾向于寒暑假集中培训或工作期间集中培训，期望通过语合中心或孔子学院给予经费支持来华参加培训，喜欢中国教师提供培训服务，期待多元化的培训方式和与直接提升专业能力相关的培训内容，参训意愿和参训动机都比较强烈。基于此，本研究认为需充分发挥孔子学院的作用，提高培训的针对性和实用性，强化培训后续跟踪服务，健全培训经费保障制度，组织国内专家参与培训，以更好地提升坦桑尼亚本土中文师资培训效果和培训质量，这一研究结果对非洲其他国家本土中文师资培训具有一定的启示和借鉴意义，有助于全面提升非洲本土中文师资整体质量，促进非洲中文教育高质量发展。

参考文献：

[1] 段孟君. 泰北中小学本土汉语教师继续教育需求调查分析［D］. 昆明：云南师

范大学，2021.

［2］龚俊波. 教师培训须做好"售后服务"［J］. 江西教育，2017（7）：34.

［3］姜丽萍，李俊芬. 海外汉语教师"本土化"培训模式探究［C］.∥第一届国际汉语教师培养论坛论文集，2011：54-63.

［4］靳卫卫，郑天刚. 本土汉语教师的培训与发展［J］. 海外华文教育，2013（1）：88-92.

［5］李娅妮. 俄罗斯本土中文教师培训中存在的问题及对策［J］. 辽东学院学报（社会科学版），2022，24（5）：134-140.

［6］刘岩. 坦桑尼亚中文教育发展现状概述［J］. 国际中文教育（中英文），2022，7（1）：50-59.

［7］裴丽昆，李鑫，黄妍琪. 澳大利亚中小学汉语教师培训需求研究［J］. 云南师范大学学报（对外汉语教学与研究版），2016，14（2）：84-92.

［8］瞿玉蕾，刘晶晶. 缅北掸邦华文学校本土汉语教师培训现状与需求调查分析［J］. 国际汉语教育（中英文），2019，4（2）：13-20.

［9］盛双霞，柯航. 对外汉语兼职教师培训现状与需求调查分析［J］. 云南师范大学学报（对外汉语教学与研究版），2013，11（3）：16-22.

［10］苏新敬. 坦桑尼亚初级汉语学习者语音偏误分析及教学对策——以多多马大学孔子学院为例［D］. 郑州：郑州大学，2018.

［11］王思莹. 喀麦隆马鲁阿中学本土汉语教师教学能力及培训需求调查研究［D］. 金华：浙江师范大学，2021.

［12］王玉坤. 马来西亚本土华文师资培训需求分析及发展建议［C］∥中文教学现代化学会. 第十二届中文教学现代化国际研讨会论文集. 天津大学国际教育学院，2021：19.

［13］王治敏，Lucy Xia Zhao. 海外汉语教师的培训与培养模式研究——以英国谢菲尔德大学孔子学院为例［J］. 汉语国际传播研究，2018（1）：44-54.

［14］吴强. 喀麦隆中文教育发展历程与师资建设［J］. 国际汉语教学研究，2022，（1）：26-32.

［15］徐丽华，郑崧. 非洲汉语推广的现状、问题及应对策略［J］. 西亚非洲，2011（3），42-48.

［16］杨西彬. 培养本土教师力量 推动汉语国际教育纵深发展. 中国社会科学报［N］，2019-08-13.

[17] 叶慧云. 非洲孔子学院本土汉语教师发展现状、问题及对策研究——以坦桑尼亚和喀麦隆为例 [D]. 金华：浙江师范大学，2020.

Study on the Training Needs of Local Chinese Language Teachers in Tanzania

Bao Rui, Yang Yaohua

(*Zhejiang Normal University, Jinhua, 321004*)

Abstract：This study was based on Organization-Task-Person needs analysis model and explored training needs of local Chinese language teachers in Tanzania. The results showed that the local teachers were disposed towards the training held either in summer and winter vacation or in workdays, the economic support provided by China or Confucius Institute and the native Chinese experts for training. Also, they were of strong willingness and motivation to participate training and desired diverse training modes and training contents related very much to enhancing their professional teaching ability and skills. Thereby, it is of great necessity to make good use of Confucius Institute, improve the pertinence and practicability of training, strengthen after-training service, establish the guarantee system of training funds and invite more domestic experts to provide training, as a result of which to improve the efficacy and quality of local Chinese language teachers in Tanzania.

Keywords：Tanzania; Local Chinese Language Teachers; Training Needs

非洲来华留学生中文习得与中文认同发展研究[*]

刘　迪　孙春颖^{**}

摘　要	语言习得过程和语言认同发展有着密切联系。本文采用民族志研究方法，着力分析非洲来华留学生中文习得与中文认同之间的互动发展过程。研究发现，非洲来华留学生对中文的认同程度会在中文习得的不同阶段发生变化，从起步到系统学习，再到工作实践应用，学习者对中文的认同并非始终增强，而是随着中文习得的发展从无到有、波浪式前进，其发展过程表现为"多维初建→波浪前进→巩固升华"。
关键词	非洲来华留学生；中文习得；语言认同；民族志

　　"语言与认同"是语言学、社会学、民族学、人类学、政治学等学科共同关心的学术前沿问题，也是当前世界各国面临的现实问题。

　　中国与世界各国共筑命运共同体进入新的里程，而国际中文教育高

---

　　* 本文是国家语委"十四五"科研规划 2022 年度省部级重点项目（中青班）阶段性成果（ZD1145-69）。

　　** 刘迪，金华市江南中学教育集团中文教师，硕士研究生；孙春颖，通讯作者，浙江师范大学国家语委"一带一路"语言生态研究中心副教授。

质量发展将为此提供有力的支撑和保障（马箭飞，2024）。中非之间在政治、经贸、文化等领域的交流不断加深，正在走向更高层次的融合发展，非洲来华留学生群体将发挥重要的桥梁作用。他们在中文学习过程中不断加深对中国的理解、增强对中文的认同，进而讲述中国故事、中非友好合作故事，必将大大促进中非之间的互解和互鉴。本研究将着重厘清非洲来华留学生中文习得与中文认同的互动发展关系，为精准推进非洲中文教育和中文全球传播提供参考。

一　文献综述

语言习得不仅仅要熟练掌握语言各子系统的规则，还要能够在不同的社会和文化背景下恰当地使用语言。这就要求学习者不仅要有良好的语言认知能力，还要对所使用的语言有深刻的认同感。在全球化的今天，语言的学习和使用变得更加复杂。多语环境要求人们不仅要掌握自己的母语，还要学会其他语言，以便更好地与世界各地人民交流。这对语言习得提出了更高的要求，同时也促进了学界对语言认知和语言认同的深入研究。

近年来，我国学者受语言认同"构建观"影响，对多语社会复杂的语言现象与认同的关系、二语习得与认同的关系等方面进行了研究，研究范围不断向纵深发展，内容不断充实。一些学者开始关注中文作为二语学习者的语言认同与中文习得之间的关系。高一虹（1994）最早把语言认同引入二语习得研究，借鉴人本主义心理学家 Erich Fromm 的"生产性取向概念"，提出了"生产性双语现象"（productive bilingualism），强调母语认同对二语习得的积极作用，强调不同语言认同之间的积极互动和整合会达到增值效果。而郭风岚、松原恭子（2000）调查日本在华留学生中文学习状况时，则发现学习者的二语水平即使很高，也无法消除"学习者对第二语言文化的适应距离"。二者的研究发现有较大差异，这与研究对象的语言水平和文化背景不同有很大关系。魏岩军、王建勤等（2015）以语言、文化、族群、价值观认同为视角，以三种不同文化背景下的 406 名非华裔中文第二语言学习者为对象，考察了影响其跨文化认同的个体及社会心理因素。杨佳（2021）的研究关注话语、社会权力关系与学习者认同构建之间的关系，从后结构主义视角提出在对外中文教学过程中应转变"中文难学"的理念，重视留学生自身语言文化资源等建设性意见。

总体来看，不同学者从不同视角对二语学习者语言认同与中文习得、跨文化视野之间的关系进行了多方研究。通过这些研究，我们可以更好地理解语言如何在人类大脑中处理，以及如何在多元文化的背景下建立起对语言的认同感。但以往多数研究存在研究对象语言文化背景相对单一，对中文习得和中文认同构建之间的互动发展情况尚不深入等问题。对于具有多语言文化背景的非洲来华留学生，其语言习得可能会对其中文认同产生复杂影响，需要对此进行更加深入细致的研究。

二　研究方法

语言习得与语言认同均是动态发展变化的，需要长时间细致观察与调研，因此本研究主要采用民族志法和访谈法。在资料收集阶段，进行了为期一年半的参与式观察与聊天式访谈，获得观察日志及周记 30 份（总计约 4 万字）、留学生作文 22 份以及其他相关教学记录若干份；对来自 12 个国家的 40 名非洲留学生进行了一对一深度访谈，获得访谈记录 40 份。对原始资料进行命名、归类、转录、建档后，再对整理后的材料进行反复分析、归纳、总结。本文所使用的受访材料均转录自留学生访谈内容，仅在文字上进行压缩整理，略有改动；为保护受访者隐私，受访者姓名均使用字母代替。

根据风笑天（2018）质性材料收集图，可将本研究的质性材料收集整理情况概括如图 1 所示。

经过分析发现，非洲来华留学生中文习得和中文认同构建之间是互动发展的，我们将按萌芽→发展→升华三阶段进行分析。

影响中文认同构建的因素有很多。中文学习者在学习中文前都会受

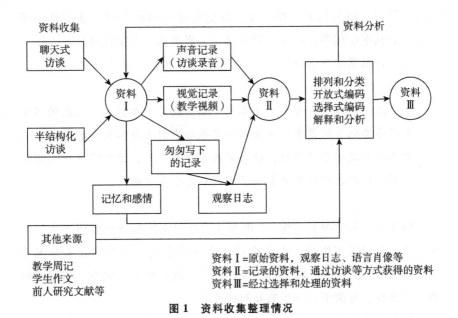

图1　资料收集整理情况

到来自家庭、学校、社会、国家等多层面因素的影响；而同一因素对不同学习者产生的影响效果也有所不同。多元因素指引了非洲留学生的中文学习之路，并促使他们开始萌生、觉察对中文的认同。

三　多元维度接触下中文初识与中文认同初建

（一）宏观政策促进中文经济价值认同

随着中非命运共同体的构建和"一带一路"倡议的落地，中文的经济价值凸显，非洲的中文学习需求日益旺盛。

非洲国家和中国同属发展中国家，双方有着相似的发展需求，都要实现减贫脱贫、社会进步、国家稳定等目标。中国可以为非洲国家提供多维度、多层面的发展经验和资源支持，助力非洲国家的发展，从宏观政策层面激励着非洲学习者的中文学习热情。随着中国企业在非洲国家不断增加以及更加广泛地开展进出口贸易，学习者掌握中文就可以提升核心竞争力，加上相关专业技能，他们就能获得在中国企业工作的机会，或者从事中国商品进出口贸易活动，提高收入和生活质量。

以乍得留学生 S 为例：

> 我是因为想学习中文才来到中国。我是一个商人，在我的国家和很多其他非洲国家，做生意一定会和中国企业和商人打交道，我看见了中文背后的商机，就决定我要学好中文，这和随身中文翻译是不一样的，中国发展太快了，我一定要多了解。

同许多非洲学习者一样，S 因为认识到中文的经济价值而产生了中文认同，开始学习中文，也会推荐自己的孩子或者周围的人去学习中文，这说明中文已在非洲很多国家获得较高的认同度，成为一门能够创造经济效益、有助于双方沟通互解的外语。

为推进中非全面战略合作伙伴关系建设，中国每年为非洲国家学生提供来华留学奖学金支持，2015 年提出重点实施"十大合作计划"，其中中非人文合作计划就是 3 年内为非洲提供 2000 个学历学位教育名额和 3 万个政府奖学金名额。留学生 Y 就是受益者之一：

> 我在学校成绩比较好，中国政府可以提供给我奖学金让我来中国留学，很感谢有这个奖金，不然我不会来到中国。

40 位受访者中就有 28 人因获得中国政府奖学金或孔子学院奖学金支持而来中国学习。可见，宏观层面的政策和经济支持在较大程度上影响了非洲学生的留学目的国选择，促进了中文认同的生发和构建。

（二）新媒体传播助力中文社会文化价值认同

语言是文化的载体，学好中文可以更加了解中国的传统文化和当代社会发展。对非洲来华留学生来说，中文背后的文化是吸引他们学习中文的原因之一，也是促进中文认同加深的重要因素。

根据访谈，留学生对中文和中国文化抱有一种积极正向的情感态度，有助于其增强中文学习兴趣、不断加深对中文社会文化价值的认同。阿尔及利亚留学生 F 在选择留学目的国时表示：

> 我当时有两个国家可以选择，法国和中国，我当时比较纠结，因为我会法语，但是我感觉中国是一个很神秘的国家，非常吸引我，我很向往中国的文化，而且中国政府当时还给我奖学金，所以最后我选择来中国。

可见，F 最终选择来中国留学更为主要的原因是被中国文化吸引，两方面因素共同影响他做出决定。

莫桑比克留学生 K 在中文教师的影响下对汉字和中国产生了强烈的探索欲望，激励他更深入地学习中文：

> 最开始学习中文的时候，我有一个中国老师，她会在课堂上给我们讲中国故事，教我们汉字，每个汉字她都可以变成图画，解释给我们为什么要这样写，汉字又是怎么发展变化的，当时我就感觉太神奇了！汉字真的是世界上最神奇的文字。虽然汉字很难记住，但是我非常努力学习，因为我太喜欢探究汉字了。比如一个木、两个木、三个木我都知道它们怎么读，和朋友分享的时候他们都很佩服我。越学习中文我就越想去中国了解更多，我对中文和对中国的兴趣越来越深，吸引我去了解更多。

为"讲好中国故事，传播好中国声音"，大量优质文娱产品通过媒体传播至海外，中国文化传播效能不断提升。津巴布韦留学生 R 就深受中国影视剧影响：

> 没来中国之前，我非常喜欢看电影和追剧，我特别喜欢中国的电影和古装剧，我会把这些剧推荐给我周围的朋友，她们也特别喜

欢。我们都喜欢中国的文化，都希望有一天可以去中国。

像 R 一样，不少非洲留学生最初对中国的了解来源于中国电影、电视剧等文化产品，并受其中内容吸引而学习中文、到中国留学。可见，中国文化产品的海外传播是非洲留学生了解中国的有效途径之一，也是影响非洲学生中文认同构建的重要因素。

同时，新技术的应用也加速了新媒体的发展，增进国际社会对中国当代社会多元文化的了解。TikTok（抖音）、Bilibili、YouTube 等新媒体将中国的网络购物、互联网技术、社会热点等有效传播给了全球网民。喀麦隆留学生 Z 表示：

> 我没来中国之前就知道李子柒，她的视频在国际网站上特别多人看，很有中国特色。我在网络上看见我们非洲国家的留学生在中国留学的视频，我很惊讶现在中国的发展，中国太大了，美食、美景，还有中国的电子支付。

越来越多的非洲人民了解到真正的中国，对中国有了整体认同，产生了强烈的中文学习愿望。

（三）家庭与社交网络增强中文学习价值的认同

我们通过聊天式访谈了解到，很多受访者选择留学中国，是在至亲好友的带动和推荐下开始了解中国、认同中文。毛里塔尼亚留学生 L 在哥哥的建议下早早就有了留学中国的梦想：

> 在我读高中的时候，我的哥哥在中国上海留学，他很厉害。每次回家他都会给我们讲他留学中国的故事，他给我描述了一个非常美丽、非常厉害的中国，他还建议我也去中国留学，他说我一定会爱上中国。所以我从高中到大学毕业一直都有来中国留学的梦想，到现在我终于实现了。

可见，至亲好友在中国留学的体验直接影响着家庭成员对中文的认同。同时，一些父母的家庭语言规划意识能够影响子女的外语学习规划。乍得留学生 B 就是在父亲引导下来中国学习中文的：

> 在我成年生日的那一天，我的爸爸找我谈话，让我思考我想成为什么样的人，未来想做什么，我说我也想去留学，我的哥哥们都去了不同的国家留学，爸爸很支持我，他还推荐我来中国留学，他告诉我中国现在的发展很好，我可以学习很多东西，而且学中文对我们家做生意很有帮助。

B 的父亲具有很强的家庭外语学习规划意识，他引导子女学习不同外语，也对中国发展有着较强的认同，为 B 提出了到中国留学的建议。在非洲国家，越来越多的父母意识到中文的重要性，所以在子女教育过程中注重中文学习规划。

可见，家庭与社交网络微观语言学习规划和个人发展规划等都会影响非洲学生对中文学习的向往和对中文认同的初步构建。

四　系统认知过程中中文习得与认同波浪式发展

学习者对目的语的系统认知包括两个维度（陈默，2018）：一是对目的语作为一种语言的认识和理解，这是目的语认同能否构建的基础和首要前提；二是对目的语本体知识和语言技能的认识和理解，这是影响目的语认同发展的重要力量。

随着语言学习的系统推进、对目的语认知的深化，学习者对目的语的情感态度起伏不断，对目的语的认同也会发生变化，这与其目的语学习发展状况和成效形成互动。

通过观察和访谈，我们发现非洲来华留学生在系统学习中对中文的认知日渐深化，中文学习能力、中文水平曲折螺旋提升，中文认同也呈现波浪式、不平衡发展特征，但中文学习能力、中文认知与中文水平并不完全同步。这种波浪式发展受合力影响，阻力主要来自学习中各种瓶颈，其动力主要来自学习者自身的多语背景、学习过程中的各种正向反馈，阻力和动力交互占主导地位，使得学习者对中文的认同有时增强、有时弱化。

（一）多语背景助力中文认知，增强中文国际公共资源功能认同

语言是工具，也是一种有价值、可利用、出效益、多变化、能发展的特殊的社会资源（魏晖，2016）。中文不仅已成为各国了解中国、开展与中国有关事务的重要载体，成为学习者增强全球竞争力的语言资源，更是一种国际通用性渐强的公共文化产品。

多语环境不但有助于提高人们的认知能力和学习能力，而且能够使人们具有语言资源意识，从而在语言学习中加快对目的语的认知。

非洲来华留学生对中文功能属性的认知，是中文学习和认同发展的基础动力。从40名受访者的话语中我们发现，非洲留学生具有多语背景，在全球化时代，其语言资源意识表现非常明显，他们将语言能力作为竞争力的重要组成部分，为自身已经掌握多语资源而感到骄傲。如乍得留学生 Y：

> 我会五种语言：中文、阿拉伯语、法语、英语，还有我的母语，我能够在和其他同学的竞争中获得胜利。

多数非洲留学生也意识到中文是世界语言资源中非常重要的一种语言。如乍得留学生 D：

> 来中国之前，我已经掌握了阿拉伯语、英语、法语，在非洲国家的任何地方做生意都不会有交流障碍，研究生考虑去哪里留学的时候我自己有思考，我还想学习什么，我第一选择就是中文，所以我来了中国。

多语资源帮助 D 实现了在非洲的流动，因此他选择学习中文，以实现全球流动。莫桑比克留学生 J 更是意识到中文是获取更多社会发展资源的重要途径：

> 当今世界中文非常重要。中国已经成为世界第二大经济体了。学习中文是非常必要的事情，通过中文的学习，我们可以了解到中国的现代社会发展，了解他们的经济和科技，让自己跟上时代的发展，为未来的发展多积累一些资源。

随着社会变革加速加剧、受教育程度加深，出国留学或者多年的社会实践让非洲国家的年轻一代见识到更加多元的世界，让他们更加意识到，中国在国际社会中发挥着举足轻重的作用，所以学习中文十分重要。这是非洲留学生对中文国际公共资源功能的认同。

（二）正向反馈促进中文学习进步，深化中文内在价值认同

在学习过程中，学习者由于自身中文学习能力较强或不断增强，而取得显著学习成效，中文水平快速提升，获得各种正向反馈，从而激发他们中文学习兴趣和信心，增强对中文内在价值的认同感。

喀麦隆留学生 M 讲述了自己的中文学习故事，也反映了 M 的中文认同发展过程：

> 在我的国家有孔子学院，我们都认为学习中文很好，当时我还没有很清楚学习中文未来要做什么，但我还是进入了孔子学院学习中文。学习中文的过程中，我的老师和身边的同学都夸我中文说得好，家人也觉得我很厉害，所以我的中文提高很快，我也更努力地学习中文。非常开心的是我获得了奖学金所以我可以来中国读研究生继续学习中文，这给了我更大的鼓励，我也觉得中文带给了我一个非常光明的未来。来到中国以后，我非常喜欢中国的文化、中国

的一切。在学习过程中，中国的老师和同学都会说我的中文发音非常标准，我非常开心。在两年的研究生生活中，我逐渐明确未来的职业目标，我要回到我的国家做一名中文教师。在中国三年，我对中国的文化有了更深的认识，感受到了真正的中国速度，我非常喜欢这里的生活，想对中国更加了解，因为我的努力坚持获得了继续读博士研究生的机会，这更让我体会到了中文学习的成就感，我对自己的未来充满信心。

M 最开始因为受周围人的影响和学校的便利条件而接触到中文，在中文学习初期并未建立中文认同；在学习中文过程中的几个关键时刻，受到周围人夸奖、因努力学习获得奖学金和攻读博士的机会等，这些正向反馈使 M 的中文学习信心和动力不断得到强化，中文认同逐步建立；在中国留学的几年让 M 更加深刻认识到中文的内在价值，激发了他深入研究中文的持续学习动力。正向反馈伴随着 M 的中文学习过程，也一直伴随着 M 中文认同的构建和发展。

中文学习过程中的正向反馈形式多样，可能是物质上的，如获得奖学金和留学中国的机会等；也可能是精神层面的，如来自师友、家人的赞扬，中文学习和实践获得的成就感等。这些都会激发非洲留学生中文学习的动力和信心，他们在不断提升中文学习能力的同时，对中文内在价值有了更深刻的认同。

（三）多种瓶颈阻碍中文学习进程，中文认同抑中有升

学习者不可避免地会在学习过程中遭遇各种学习瓶颈，主要是中文学习能力发展受限，或是对中文本体知识和语言技能的认识和理解受阻，导致对中文的许多规律还认知不深、中文技能发展不均衡、中文水平提升不明显、对中文的部分认知出现偏差，从而产生挫败感，感觉中文太难学，中文认同受到抑制。

当学习者中文水平达到中高级阶段就会发现，中文某一方面知识或技能的局限导致他们遇到中文学习的瓶颈，很难突破。在记录班级学生

中文学习情况的教学日志里，莫桑比克留学生 X 的记录就反映了这一点：

> X 同学的中文口语水平很高，可以和中国人无障碍聊天，也可以看无字幕的中国电影。但被分到了中级水平综合班，原因是读写能力较弱，可以勉强跟得上老师的进度，所以要注意帮助她提高读写能力，有意识锻炼她的读写技能。
>
> ——摘自 2021 年 4 月 14 日教学日志

受限于读写水平，X 无法升入高级班。课程开始阶段，X 存在两种截然相反的表现：进行听说练习时比较积极，能正确回答老师的问题，达到老师的要求；而进行读写练习时，则会找机会玩手机，或者不再积极回答问题。一段时间下来，中级班的听说训练对她来说难以产生成就感，同时因为读写水平较差，她经常处于沮丧状态，逐渐失去中文学习兴趣，中文水平一直停留在中级阶段甚至有所倒退，对中文的认同也遭遇瓶颈。

留学生 Y 已经在中国两年，学习十分认真，最初对中文认同度也较高。但他当前的中文水平与他的付出和努力不成正比，即使已经通过了 HSK4 级，对中文的认知已经达到一定程度，但他的口头表达能力偏弱，会因发音不标准而让很多中国人听不懂，Y 十分苦恼：

> 老师，中文太难了，我学习中文很认真，但是我还是不能说出完整的句子，不能表达出我的想法，我很难过，经常想放弃。

可见，学习者在学习效果达不到自己的预期时，就会对自己的语言学习产生怀疑，产生消极情绪和挫败感，中文认同随之减弱。这种状况并不只出现在中高级阶段，在整个学习进程中都可能随时出现。

尽管如此，非洲来华留学生对中文的认同总体上还是会随着学习的推进而不断加深，对中文语言知识和技能的总体认同呈曲折上升趋势。

有 36 名受访者表示，随着中文水平的提高，他们对中文的认知程度越深，就越能够感觉到中文的重要性。以汉字认知为例，学习者在中文学习的初级和中级阶段，对汉字重要性的认知可能还不清晰。他们在没有接触汉字时，对其毫无了解，并无认同；在通过老师的讲解等方式对汉字有了一些了解后，会惊叹"汉字竟然是图画简化成的，太神奇了""汉字可以表达具体的意思""汉字还可以组合""书法太美了"，这时就对汉字产生了初步认同，于是想了解更多的汉字知识。然而，了解越多，发现汉字文化越复杂，这又会让很多学习者感到压力，产生消极情绪，导致知识水平在很长一段时间内难以突破，这一阶段汉字认同程度可能会保持不变甚至减弱。度过瓶颈期后，学生的整体中文水平大幅提高，会恢复汉字学习的信心，也会增进对汉字的认知，从而建立更深的认同。

五　实践生活效益下中文习得与认同升华

在中国的中文实践及生活使非洲留学生感受到了中文的红利，对中文的职业价值认同和情感认同双向加持，中文认同得以升华。同时，中文的经济价值、文化价值、情感价值等附加价值为他们带来了实际的经济效益、多样的文化体验、丰盈的情感享受。

（一）中文实践效益加固中文职业价值认同

多一种语言，多一份竞争力。掌握中文能够凸显非洲留学生的语言优势，为其带来光明前景。虽然非洲来华留学生都具有多种语言能力，但是他们掌握的语种和数量相近，在学习和职业发展中竞争优势不明显。而得益于中国的综合实力和国际地位的提升，学习中文使非洲学习者获得了更好的发展机会，成为他们的一个重要选项。

相较于其他国家和地区的留学生，非洲来华留学生学习动机和目的更为明确，更看重中文的附加价值。访谈过程中，在被问及中文学习目的时，受访者的回答非常明确。"想留在中国""需要学习中文获得好的工作机会""方便在中国做生意""方便和中国人交流"等是非洲留学生的主要心声。

在中国的中文实践中，中文附加价值带来的效益或前景一定程度上加固了非洲来华留学生的中文职业价值认同。受访者刚果（金）留学生 A 因中文水平不错而被学校推荐到附近的公安局当外语志愿者，在此过程中他获得了成就感和他人的赞许，也获得了为社会服务的情感体验。因为表现出色，他还被当地电视台采访报道，"这是对我努力学习中文最大的肯定。"这段经历会给他的简历锦上添花，提高其职业竞争力。因为感受到中文给他带来的美好前景，体会到中文的职业价值，A 更加努力学习中文，对中文的情感价值认同也会得以增强。

（二）学习经历与中国记忆升华中文情感认同

随着留学中国时间的增加，非洲来华留学生对中国的感情不断加深，对中文的认同不只停留在实用性阶段，中文也在留学生的内心情感中占据了一定地位。

当被问及对中文的情感态度是否发生变化时，只有 5 位受访者表示没有变化，其他都表示越来越喜欢中文。例如埃及留学生 Q：

> 开始时是我的爸爸妈妈觉得中文很有用，所以让我学习中文，后来了解越多就越有兴趣。现在我不只对中文有兴趣，而且对中国的很多方面感兴趣。更好的是，我能在中国学习中文，我感受到真实的中文环境，看见真实的中国，这种感受是新奇的，会让我感觉很兴奋，想迫切学好中文，也可以让我在中国的生活更加顺利。

从访谈中我们可以了解到，Q 开始中文学习是受至亲的影响，但对中文的认同不强；留学中国后对中国文化和各方面都有了更直接深切的体会，中文认知逐步提升，对中文的情感认同渐渐深化。

再如喀麦隆留学生 Z：

> 在我的国家，只有在学校时能和老师、同学们练习中文，并没

有像在中国一样多（说中文的机会）。来到中国后，对中国的了解越多，我能说出的中文也越多，说的内容更加真实，我的中文水平也有了很大的提高。这让我非常开心，我能够和中国人正常交流，这体现了我的能力，所以我越来越喜欢中文，喜欢中国的文化，还有美食，还有很多其他东西。（让我）学习中文更加有动力。

多数受访者像Z一样，在中文学习初期只把中文当作有必要学习的语言，作为一种交流的工具。随着时间的推移，学习者中文学习经历不断丰富，组成学习记忆，加之积极的情感记忆，在他们心中形成美好的中国记忆。

毛里塔尼亚留学生L在中国的生活更加强了其对中国的情感：

在非洲的时候，会有很多有关中国的谚语，中国是最遥远最古老的国家，有很多神秘的故事，令我十分向往。来到中国以后，我的中文水平不断提高，我也可以对中国的各个方面了解更多，我会发自内心觉得以前的传说很正确，这个国家真的很优秀，无论是文化、历史，还是未来的发展，我爱中国。

津巴布韦留学生R回到了自己的国家，仍然怀念中国生活：

我现在在我的国家教中文。我很喜欢这份工作，我给我的学生介绍中国，告诉他们中国的美丽。我要学生们努力学习中文，将来一定要自己去中国。学生们都可以感受到我对中国的怀念，如果有机会，我一定会再去中国，可以继续上学，或者去中国工作。

R成长为一名本土教师，在自己的国家教授中文。她对中国的情感记忆和中文认同不但没有减弱，反而随着时间升华，通过讲述中国故事传播中国文化，将自己对中国的情感传递给学生，影响和带动着更多学生。

在这一过程中，非洲来华留学生的中文认同达到"质变"，从对中文实用价值的认可转化成内心的热爱，从理性层面过渡到感性层面，使得中文认同升华。在中文认同构建、巩固、升华的过程中，情感态度都是关键因素。学习中文的过程中，留学生与中国人共享中国文化、资源和历史，与中国进行良好互动。对他们来说，中文不仅仅是一种工具，而且是一种美好记忆，留学中国的经历和中文学习记忆升华了其中文情感认同。

六　结语

经过调查研究发现，多数非洲来华留学生会经历"多维初建→波浪前进→巩固升华"这一认同构建发展过程。了解非洲来华留学生的中文认同处于什么阶段，可以帮助我们有针对性地提升中文学习者的中文认同，充分调动其主观能动性，提升中文学习效率。

同时我们也发现，来华前后，非洲来华留学生对中国的了解程度实现了巨大飞跃。受地理限制，非洲国家所获得的中国新闻和消息呈碎片化，有相当大的片面性和局限性。虽然中国每年输送大量中文教师和志愿者前往世界各国，他们在推动国与国之间的文明交流、互鉴中发挥了重要作用；但相比而言，非洲来华留学生群体是能够在本土讲好中国故事的主体，应当发挥更加重要的作用。所以我们可以通过了解非洲来华留学生中文习得与认同构建互动发展的普遍性规律，帮助其提高中文学习效率和效果，推动他们实现对中文乃至对中国的认同升华，推动中文成为国际性语言。

我们还注意到，非洲来华留学生个体的互动发展过程有其特殊性：有的留学生是在对中文有初步认同后选择学习，随着认知程度的加深，认同也不断加深；有的留学生最初对中文并未产生认同，随着对中文认知的加深，逐渐产生并增强认同；有的留学生虽然学习中文的时间很长，但其认同始终保持不变；有的留学生因极其热爱中文或学习能力强而没有瓶颈期，认同程度随着中文水平的提高而稳步提升；有的留学生中文认同发展过程分为两个阶段，有的留学生中文认同发展经历三个或四个阶段，甚至更多个曲折的阶段。因此，我们在具体实践过程中要具体分析、有针对性对待。

参考文献：

[1] 陈默．第二语言研究中的认同进展述评［J］.语言教学与研究，2018（1）：18-29.

[2] 董洁．民族志研究视角下的语言身份认同：两例北京农民工子女个案［J］.语言学研究，2014（1）：155-164.

[3] 方小兵．当前语言认同研究的四大转变［J］.语言战略研究，2018（3）：22-32.

[4] 风笑天．社会研究方法［M］.北京：中国人民大学出版社，2018.363.

[5] 樊中元．农民工语言认同的实证研究［J］.社会科学家，2011（10）：155-157+161.

[6] 高一虹，李玉霞，边永卫．从结构观到建构观：语言与认同研究综观［J］.语言教学与研究，2008（1）：19-26.

[7] 高一虹．生产性双语现象考察．外语教学与研究［J］.1994（1）.59.64.

[8] 郭风岚、松原恭子．日本留学生对汉语部分称谓的适应与认同［J］.语言教学与研究，2000（4）.

[9] 马箭飞．奋力开拓国际中文教育高质量发展新局面［J］.神州学人，2024（1）：7-8.

[10] 魏晖．基于资源观的国家语言能力［J］.语言政策与规划研究，2016（1）：7-9.

[11] 魏岩军，王建勤，朱雯静，闻亭．影响汉语学习者跨文化认同的个体及社会心理因素［J］.语言文字应用，2015（02）:107-115.

[12] 杨佳．后结构主义视角下的二语学习者认同研究及启示［J］.辽宁大学学报（哲学社会科学版），2021，49（1）:140-147.

[13] Busch, B. Language Biographies for Multilingual Learning: Linguistic and Educational Considerations［A］. Cape Town: University of Cape Town，2006.

[14] Garold Murray Naomi Fujishima. Social Language Learning Spaces: Affordances in a Community of Learners［J］. Chinese Journal of Applied Linguistics，2013（1）：140-156.

A Study on the Interactive Development of Chinese Language Acquisition and Chinese Language Identity among African Students Coming to China

Liu Di[1], *Sun Chunying*[2]

(1. *Jiangnan Middle School Education Group*, *Jinhua*, *Zhejiang*;

2. *Research Center for the Belt and Road Language Ecology*,

Zhejiang Normal University)

Abstract: The process of language acquisition and language identity development are closely linked. This paper adopts an ethnographic research method and focuses on analyzing the interactive development process between Chinese language acquisition and Chinese language identity of African students coming to China. It is found that the degree of Chinese language identity of African students coming to China changes at different stages of Chinese language acquisition. From the beginning to systematic learning, and then to the application of work practice, the learners' identity of Chinese language is not always strengthened, but rather advances in a wave-like manner from nothing to something along with the development of Chinese language acquisition, and the development process is characterized by "multidimensional initial construction→wave forward→consolidation and sublimation".

Keywords: African Students Coming to China; Chinese Language Acquisition; Linguistic Identity; Ethnography

国际中文教师研究：回顾与反思（1989~2023）*

王涌骅　王　辉**

摘　要　　本文回顾了1989~2023年国内核心期刊关于"国际中文教师"的研究文献，分析了该概念的演变、研究主题的阶段性转变和研究方法的特点。研究发现，"国际中文教师"概念严谨，反映了国际中文教育领域的时代发展和国际化进程。国内关于国际中文教师的研究经历了五个阶段，聚焦的主题分别为教师素质、文化意识、培训与发展、区域国别，以及数智化。研究方法上，以思辨和实证研究为主，呈现出多样性。本文提出，未来的国际中文教师研究应朝着内容丰富化、理论视角多样化和研究方法多元化的方向发展，以促进国际中文教师的专业学习与职业成长，推动全球中文教育事业的持续繁荣。

---

*　　本文为2024年教育部中外语言交流合作中心国际中文教育课题"国际中文教育志愿者的价值和贡献：20周年回顾"（24YH05E）、2021年国家社科基金重大项目"人类命运共同体视域下非洲百年汉语传播研究"（21&ZD311）、2024年福建省教育厅中青年教师教育科研项目（世界语言与文化研究专项）"社会文化理论视阈下在闽台籍教师的语言态度与文化认同研究"（JSZW24013）阶段性研究成果。

**　　王涌骅，博士，集美大学外国语学院讲师，集美大学海丝沿线国家国别研究院特约研究员，主要研究方向为教师认知与发展、语言教育；王辉，浙江师范大学国际文化与社会发展学院教授，主要研究方向为语言政策与语言传播、国际中文教育、语言生态与语言文明。

关键词 ┊ 国际中文教师；国际中文教育；思辨研究

一 引言

国际中文教育作为面向"中文作为第二语言"学习者的教育，是传播中国文化、提高中文国际影响力的重要途径。习近平总书记指出，教师是教育发展的第一资源，是推动教育高质量发展的根本条件。国际中文教师是保障国际中文教育可持续发展的基石（周勇，2020），是驱动国际中文教育事业高质量发展的核心要素，决定着国际中文教学的质量和中国文化的对外传播事业的成败（叶军、赵寻，2023）。

自吕必松（1989）在《世界汉语教学》杂志上发表《关于对外汉语教师业务素质的几个问题》以来，国际中文教师逐渐成为语言教育和教师教育领域研究的主题之一。近年来，学术界有关国际中文教师的研究不断发展，学者们从多视角、多维度、多情境对国际中文教师进行研究，取得了显著成果。然而，针对国际中文教师概念的嬗变以及相关研究主题阶段和研究方法的回顾与梳理较为鲜见。鉴于国际中文教师在语言教育与教师教育领域中的重要作用和地位，本文基于国内主要语言类和教师发展类核心期刊文献（CSSIC、北大核心、AMI 核心），通过在中国知网系统检索和查阅三十五年（1989~2023）以来的研究成果，分析国际中文教师概念的嬗变，评析国内该领域的研究主题阶段和研究方法，展望未来研究的发展方向，以期促进国际中文教师研究的新发展。

二 国际中文教师概念的演变

国际中文教师的概念由"对外汉语教师"演变而来，经历了从"对外汉语教师""汉语国际教师"到如今"国际中文教师"的发展轨迹。这一术语的变化反映了对外汉语教学领域国际化进程的不断深入。

最早，国际中文教师被称为"对外汉语教师"，这一术语起源于 20 世纪 50 年代。彼时，中国政府开始有组织地向外国学生提供汉语教学。在这一阶段，教学对象主要是来华留学生和驻华外籍人士，教学内容侧重于基础语言能力的培养。

随着中国的改革开放和国际化程度的提升，对外汉语教学的需求迅速增长。进入 21 世纪，"汉语国际教师"这一术语逐渐取代了"对外汉语教师"，指在海外为非汉语母语者开展中文教学的人。该变化不仅反映了汉语教学规模的扩大和教学对象的多样化，也体现了汉语在国际舞台上的重要性日益凸显。国家汉办（现为教育部中外语言交流合作中心）设立孔子学院，有力推动了汉语国际教育的全球化发展。汉语教师的角色也从单纯的语言的传授者，扩展到文化的传播者和跨文化交流的参与者和推动者。

近年来，随着中国国际影响力的进一步提升，"国际中文教师"这一术语应运而生。国际中文教师面对的教学情境不仅包括"对外汉语教学"和"汉语国际教育"，还包括面向海外华人华侨的"华文教育"（王辉，2021）。这一称谓的变化不只是概念上的更新，更反映了国际中文教育理念的深刻转变。国际中文教师不仅要教授汉语，还需具备中华文化的阐释能力和全球胜任力。国际中文教师在全球各地教授汉语，传播中华文化，促进中外文化交流与文明互鉴。

从"对外汉语教师"到"汉语国际教师"再到"国际中文教师"，体现了中国国际中文教育从国家内部事务逐渐走向国际化和全球化的过程。最初的对外汉语教学是为了满足国内来华留学生和外籍人士的需求，而后逐步发展为面向全球传播汉语和中华文化，最终演变为今天以中外文明交流互鉴为目的的国际中文教育。这一过程不仅是中国文化走向世界的见证，也是全球化背景下教育国际化的重要组成部分。

综上所述，"国际中文教师"术语的演变，根本原因在于中国国际地位的提升和全球化时代对跨文化交流的迫切需求。随着中国经济的快速发展和综合国力的增强，国际社会对中国语言和文化的兴趣与需求大幅增加。同时，全球化推动了世界各国之间的交流与合作；而语言作为文化和思想交流的重要工具，其教学和传播在全球化趋势中显得尤为重要。国际中文教师作为这一进程中的关键角色，其定义和职责也在不断丰富和拓展，以适应新时代的要求。

三 国际中文教师研究的主题阶段

自 1989 年起，国内的国际中文教师研究主要经历了五个阶段，每个阶段的主要研究主题如下：（1）国际中文教师素质；（2）国际中文教师文化意识；（3）国际中文教师培训与发展；（4）区域国别国际中文教师；（5）国际中文教师数智化。值得注意的是，这五个主题阶段之间的关系并非彼此割裂：它们是同一命题于不同时期研究侧重点的历时性演变。下面分别对每个阶段作出概述。

（一）国际中文教师素质（1989~2000）

21 世纪以前，研究者主要围绕国际中文教师素质展开了大量研究，认为国际中文教师应具备较强的专业知识、文化知识和教学能力。吕必松（1989）指出，对外汉语教师需要具备广博的专业知识和文化知识，包括语言学知识、心理学知识、教育学知识和语言教学法知识，以及文学和其他文化知识。此外，对外汉语教师还需要具备一定的工作能力，如语言文字能力、课堂教学能力、交际和组织能力等。同时，他呼吁采取一系列措施和策略，以提升对外汉语教师业务素质。这些措施包括培养不同类型和各个层次的教师、加强在职培训、储备师资、制定教师标准，并引入竞争机制等。戴桂英（1992）强调汉语教师应树立终身学习的观念，不断提高自身精神和业务素质，通过经验积累来改进教学方法，以提高教学质量和学生的学习效果。她呼吁教师应有自我修养，以提高学生的期望值，从而促进学生更好地获得学习成就。

除专业知识、文化知识和教学能力，李学仁（2000）认为合格的汉语教师应具备一定的个人条件，包括热爱汉语教学，具备观察力、判断力、组织能力和表达能力。程伟民（2000）指出，由于汉语书面语中保留了古汉语的成分，对外汉语教师应具备一定的古汉语知识。此外，教师还需要通过理解学生的母语，以提升跨文化交际的意识。

其他研究重点关注提高汉语教师素质的意义和方式。例如，王春燕（1997）指出，提高汉语教师的思想道德素质是提升教师整体素质的基础，包括正确的世界观、人生观教育，爱国主义、集体主义、社会主义思想道德教育。赵素珍（1999）提出汉语教师提升自身素质的四个维度，包括完善知识结构、提高基本能力、升级技能结构和提升科研能力。

通过对国际中文教师素质研究的回顾，可以看出，该阶段的研究不仅关注教师的专业知识和教学能力，还强调教师的思想道德素质和跨文化交际能力。这些研究为提升国际中文教师的综合素质提供了重要理论基础和实践指导，对推动国际中文教育的发展具有重要意义。

（二）国际中文教师文化意识（2001~2006）

国际中文教师研究的第二阶段侧重文化意识研究。这一阶段重点关注教师的文化意识及其在教学中的作用。文化意识的培养和提升不仅对于国际中文教师的职业发展至关重要，也对教学效果和学生跨文化能力的培养具有深远影响。

张和生（2006）在梳理对外汉语教师素质与培训相关研究时强调，对外汉语教师应具备扎实、全面的中外文化知识，包括中国文化特质、风俗特征以及外国文化常识等。他认为国际中文教师的跨文化交际意识是职业意识的重要组成部分，反映了教师对自己职业的认知水平，这一观点强调了文化知识在对外汉语教学中的基础性作用。刘晓梅（2005）进一步探讨了文化在对外汉语教学中的定位，强调文化不仅是语言教学的一部分，也是服务于语言教学的跨文化元素。她认为，对外汉语教师应着重提升文化知识能力和跨文化交际能力，在教学中注重文化因素，包括语言中的文化附加义、非语言交际手段以及交际行为的文化背景。这一观点与张和生（2006）的观点相呼应，进一步细化了文化知识在国际中文教学中的具体应用。

语言与文化密不可分，语言教学内容涉及文化元素，因此如何培养学生的跨文化交际能力是第二语言教学中的主要问题。周健（2004）指出，对外汉语教师需要提高双语（中文+外语）能力，培养双文化意识，以便更好地理解和适应不同文化背景下的教学和交际。同时，对外汉语教师应注重跨文化交际能力的训练，培养学生跨文化意识。

蔡绿（2006）探讨了对外汉语教师在跨文化教学环境中应具备的专业素质。当教师与学长之间由于文化差异，特别是文化依附矛盾，引起冲突时，对外汉语教师应积极采用信息的准确性理论、适应理论和信息内涵的相互调整理论，指导自己的对外汉语教学工作。这些建议为对外汉语教师在实际教学中如何应对文化冲突提供了切实可行的策略。

通过对文化意识和跨文化交际能力的强调，这一阶段的研究为提升国际中文教师的综合素质提供了重要的理论支持。未来的研究应继续关注文化因素在国际中文教育中的重要作用，探索如何更有效地培养和提升国际中文教师的文化意识和跨文化交际能力。

（三）国际中文教师培训与发展（2007~2012）

在这一阶段，国际中文教师的研究进入了以师资培养和专业化发展为重点的时期。研究主要集中在两个方面：一是海外华文教师的现状与培训问题，二是国内外师资培训模式的探讨。首先，考量海外华文教师的现状与培训问题时，李嘉郁（2008）指出，在培养海外教师时应注重实践性原则，提升教师的文化教学水平，评估现有教材和教辅材料，融入华文教育的"本体"教育，并建立培训领导组织机构，制定培训标准和大纲，争取得到当地教育系统认可。

虞莉（2007）调查了美国大学中文教师的师资现状和培养模式，指出，美国中文教师的培训模式包括短期、中期和长期项目，主要以岗前培训、在岗督导和脱岗进修形式为主。尽管缺乏专业化师资，但这种模式有利于汉语教学理论与实践的研究。

陈申、薛馨华（2010）建议在语言本体研究、二语习得理论、社会文化环境、语言教学原理四大理论构建的语言教师培养框架下，通过跨国合作师资培训，满足世界各国教学环境的多元化需求。赵忠江、印明鹤（2010）进一步探讨了高校对外汉语教师师资培养的新理念，认为师资培训应秉承职业化，以人为本，坚持全面与个性发展相结合，以及合作开放、制度化、规范化的理念。

此外，黄晓兰、宋继华（2010）认为，对外汉语教师培训模式应结合理论知识学习和实践教学，利用视频案例为教师提供真实的学习环境，深入反思各种课程教学技巧。程乐乐、李向农（2012）基于支架式教学理论和关键教学实践理论，通过实际培训案例展示范例式介入、选择型介入和配合型介入三种介入方式的具体应用。他们强调，教师介入不是简单的教学干预，而是一种深思熟虑的培训策略，需要考虑介入的方式、时机和频率，旨在通过具体实践帮助受训教师提升教学能力，以适应国际汉语教学的需求。

这一阶段通过对国际中文教师培养与发展的深入研究，丰富了国际中文教师职业学习与发展的内涵，为提升国际中文教师的综合素质提供了重要的理论依据。未来的研究应继续关注如何培养高质量的国际中文教师和促进其专业学习与职业发展，以应对全球化和数智化时代的挑战。

（四）区域国别国际中文教师（2013~2019）

这一阶段的研究进一步深耕于在特定区域或国别内从事国际中文教育的教师培养和发展，致力于解决海外汉语教育中的师资问题，尤其是本土汉语教师的短缺与培训不足的问题。李东伟（2014）指出，海外中文教育的主要问题在于师资不足、师资队伍不稳定和教学能力参差不齐等，建议大力培养本土汉语教师，使其具备教授汉语和中华文化的能力。

在亚洲，阮文清、曾小燕（2016）指出，越南高校汉语教师的师资短缺主要源于缺乏高水平的本土汉语教师。赵燕华、韩明（2013）通过对泰国西部叻丕府本土汉语教师的访谈，发现培训内容缺乏针对性、授课方式亟待更新、评估机制科学性仍需提升等问题，提出了增强培训效果的对策，包括调查和分析培训需求、增强培训的针对性、尝试新的培训授课方式和建立及时有效的评估机制。

在大洋洲，张玉喆、陈申（2014）发现，澳大利亚的中文教育面临诸多挑战，包括政策中心不稳定、资金投入不均以及对非英语语言课程缺乏重视。他们强调，海外中文教育必须结合当地教学条件和需求制定课程，采用有趣、相关且吸引人的教学方法。王宇（2014）基于新西兰教育部的三个语言教师培养项目，探讨了新西兰本土汉语教师培养路径，特别是非母语教师的转型和发展。他指出，新西兰在培养本土语言教师方面的创新做法，对提升本土汉语教师语言水平和教学能力方面起到积极作用，并为现有海外汉语教师培养模式提供了新的思考和改进方向。

此外，范祖奎（2014）通过访谈法、课堂观摩法和结构式问卷调查法，研究了在新疆师范大学参加短期培训的中亚三国（哈萨克斯坦、吉尔吉斯斯坦、塔吉克斯坦）本土汉语教师的汉语水平、知识结构和教学策略，提出培养海外本土中文教师应设立多种层次的培养目标，以提升教师语言能力和文化教学能力，丰富教师教学策略，完善其汉语知识结构，提高教学能力。

区域国别国际中文教师的培养不仅有利于教师个体的专业学习与职业发展，而且对当地的语言教育具有重要意义。在中东，刘飒和 Misbah Rashid（2016）通过梳理巴基斯坦本土汉语教师的发展历程，展望了未来的发展趋势，指出了本土汉语教师在当地教育体系中的重要性和潜力。针对具体培养方案与策略，徐笑一、李宝贵（2018）认为，提高华文本土教师学历班培养质量需要授课教师团队的专业化和多元化、质量监督的严格化和常态化、教学技术的现代化和灵活化、服务管理的精准化和细致化。另外，在培养本土汉语教师时，要重视本土教师与教师教育者之间的学习信念的矛盾冲突，合理运用"最小化感知失配"策略，满足本土汉语教师在培训时的需求（王添淼，2019）。

（五）国际中文教师数智化（2020 年至今）

2020 年以来，随着人工智能技术的兴起，国际中文教师研究进入了第五阶段，即数智化研究期。该阶段重点关注国际中文教师的技术认知和数字素养，旨在推动国际中文教育的数字化转型，提升教师和学生在信息化时代的适应能力。

国际中文教育的数字化转型主要表现在重构智慧教育的生态体系、形成互惠共生的人机关系、发挥数据要素的价值能效、培养中文师生的数字素养（徐娟、马瑞祾，2023）。尽管大语言模型能够实现高阶的人机互动，并构建人工智能与国际中文教师协同教学的新格局，但国际中文教师在快速提升自身数字素养方面仍面临挑战（金旋，2023）。

刘玉屏、李晓东、郝佳昕（2021）对205位在职中文教师的问卷调查显示，教师们对数字能力持积极态度，且普遍对数字技术持开放态度。然而，他们在数字知识和技能方面的发展不平衡，特别是在创新数字化内容、数据分析软件应用、解决数字化教学设备问题、基础编程知识和内容抄袭检测等方面需要提升。李诺恩、梁宇（2023）通过对473位在线国际中文教师的问卷调查，构建了国际中文教师数字信息接收模型。结果显示，在线中文教师对数字资源的整体接受意愿较高，但受到教龄、任教身份、任教国家和数字教学环境的影响，数字知识、数字技能在教师群体中的普及度仍待提升。

关于国际中文教师的数字能力内涵，李晓东、刘玉屏、袁萍（2022）提出了包括数字意识、数字知识、数字技能、数字教学能力、数字研究能力、数字教学创新能力在内的六个一级指标。方紫帆、徐娟（2023）通过专家问卷征集、汇总和分析，进一步构建了包括数字基础知识、数字技术能力、数字教学能力、数字学习能力和数字意识态度在内的国际中文教师数字素养指标体系，为教师的数智化能力提升提供了评价参考。

王帅、赵润泽、孙朝阳（2023）进一步构建了国际中文教师信息化教学能力的评估框架，包括信息化教学的态度及意识、信息化中文教学平台及软件操作、信息化中文教学资源获取及整合、信息化中文教学的设计及实施、信息化中文课堂的规范及管理、信息化中文教学的评价及反思、信息化教学的伦理及安全等七个一级指标、14个二级指标和23个三级指标的评估框架。

这一阶段的研究为国际中文教育的数字化转型提供了重要的理论和实践指导。国际中文教师数字素养指标与信息化教学能力评估框架的构建为后续的实证研究奠定了坚实的基础。未来的研究应继续关注如何进一步提升国际中文教师的数字素养和教学能力，以应对人工智能时代的挑战和机遇。

四　国际中文教师的研究方法

在过去的三十五年中，我国国际中文教师领域的研究方法呈现显著的多样性特征，其主要以思辨研究和实证研究为主。

思辨研究是一种基于逻辑推理、理论构建和概念分析的方法，旨在探索和阐明复杂问题的内在逻辑和潜在影响。与实证研究不同，思辨研究不依赖于实验数据或统计分析，而是通过深思熟虑的逻辑推理和理论构建，提出新观点，解释现象并预测未来趋势。在 1989 年至 2000 年期间，国际中文教师研究主要以思辨研究为主，用于探讨尚未充分实证或难以实证的问题，并提供新的理论框架和洞见。例如，程伟民（2000）探讨了海外汉语教师的素质问题，王春燕（1997）则研究了提高汉语教师素质的路径。思辨研究通过对现有知识的反思和整合，运用理论推理和逻辑分析，构建概念框架和理论模型，探讨问题的本质和内在逻辑，预测未来的发展趋势和潜在挑战，提出前瞻性的观点和建议。

然而，思辨研究存在着一定的不足与挑战。首先，由于思辨研究主要依赖逻辑推理和理论构建，缺乏实证数据的支持，其结论的验证和推广存在一定难度。其次，思辨研究较多依赖研究者的个人观点和逻辑推理，可能带有一定的主观性，要求研究者具备高水平的理论素养和逻辑思维能力。此外，由于缺乏具体的实证数据，思辨研究提出的理论和观点在具体教学实践中的应用可能受到限制，需要与实证研究相结合，验证其可行性和有效性。最后，思辨研究涉及复杂的概念和抽象的理论，可能对普通教师和实践者的理解与接受带来挑战，需通过通俗化和应用化的方式进行推广。

进入 21 世纪，实证研究开始在国际中文教师研究领域得到广泛应用，深入检验国际中文教师领域中的概念和理论模型。实证研究主要采取量化研究、质性研究和混合研究三种形式。量化研究主要通过问卷调查、实验研究和数据统计，探讨教师的知识、认知、素养和教学现状等问题。例如刘玉屏、李晓东、郝佳昕（2021）使用问卷调查了国际中文教师数字素养现状与影响因素；亓海峰、丁安琪（2021）利用问卷了解了海外外语教师线上教学现状；王琦（2020）通过问卷调查了国际汉语职前教师的 TPACK 水平、技术态度、技术整合自我效能的现状与关系；郭睿（2017）则利用问卷分析了对外汉语教师教学效能感、职业倦怠及其关系。

质性研究通常采用包括访谈、课堂观察、文本和叙事等在内的研究工具，旨在深入理解教师的教学实践、观念和经验。例如，李晓露、高嫚（2023）通过访谈探究了瑞典中文作为第二语言教育和华文教育的现状与挑战；万筱铭（2023）通过课堂观察深入分析了对外汉语教师解释型教学语言的话语特点和教学功能；石旭登、吴勇毅（2019）使用叙事研究探讨了负面经验对汉语教师教学行为的影响。

混合研究方法则结合量化与质性研究，综合运用多种研究工具获取多样的数据和信息，以提供更全面的研究视角。例如。马鹏程（2023）结合问卷调查和访谈揭示了赴阿拉伯国家中文教师的社会文化适应的整体样态和差异性；葛馨、曲溪濛（2017）利用问卷调查和叙事研究探究了熟手国际汉语教师培养模式和专业化过程。

五　国际中文教师研究的未来发展趋势

立足于国际中文教师研究的发展现状并展望未来，笔者认为，以下内容应成为国际中文教师领域研究考量的重点要素。

第一，研究内容丰富化。随着人工智能、大数据、云计算等先进技术的广泛应用，国际中文教师需要更深入地探讨数智化教学的方向。这包括如何提升国际中文教师数字素养和技术能力，如何运用人工智能等技术辅助教学，以及如何利用科技手段实现个体专业学习与职业化的可持续发展。同时，也需要关注教师在数智化时代的个体学习、认知、信念、身份认同和情感体验。例如，数字化对国际中文教师的专业学习产生怎样的影响？国际中文教师对数字化时代的教与学持有怎样的认知与信念？国际中文教师如何定义自己在数字化时代语言教学中的角色？如何在数字化教学中实现情绪管理和提升幸福感？

第二，理论视角多元化。近年来，一些新的理论视角为国际中文教师研究提供了新的发展方向，如复杂动态系统理论、积极心理学、社会文化理论、超语实践等。这些理论有助于深入了解国际中文教师的认知系统、信念变化、情感体验、跨语言教学等，从而提升教学质量和效果，促进教师的职业发展。

第三，研究方法多样化。实证研究在国际中文教师领域的发展中至关重要。因此，多元的实证研究方法为该领域的研究提供更多的数据支持。特别是混合研究方法，充分结合量化研究和质性研究的优点，互相补充。另外，可采用 Q-methodology、潜在剖面分析法和民族志（包括自我民族志）等研究方法，以全面深入地了解国际中文教师的认知、身份、情感与教学实践，促进教师的专业学习职业发展，提升国际中文教育质量。

六　结语

国际中文教师研究领域在过去三十五年经历了深刻的变革和发展。本文对其概念演变、研究主题、研究方法及未来发展趋势进行了系统的评述，从中可以窥见这一领域的丰富内涵和发展脉络。

从"对外汉语教师"到"国际中文教师"的概念转变，标志着中文教师角色的多样化和国际化；这一变迁不仅反映了中文教育的全球化需求，也凸显了该研究领域对教师角色的更广泛认知与深度挖掘。国际中文教师研究重点的变迁呈现出阶段性的特征，与不同时期的社会背景和需求息息相关。研究范式的历史嬗变和多样性反映了这一领域研究方法越发多样化和科学化。展望未来，国际中文教师研究将以更加多元的理论视角和多样化的研究方法，深入探索教师的认知与信念，促进其专业学习与职业发展，提升其身份认同与幸福感，进而推动全球中文教育事业的蓬勃发展。

参考文献：

［1］蔡绿．文化依附矛盾与跨文化交际能力——也谈对外汉语教师素质［J］.黑龙江高教研究，2006，（4）：128-129.

［2］陈申，薛馨华．国际汉语教师培养理念解构［J］.语言教学与研究，2010，（5）：28-33.

［3］程乐乐，李向农．论国际汉语教师培训中的教师介入［J］.中国大学教学，2012，（11）：66-68+73.

［4］程伟民．论对外汉语教师的素质［J］.清华大学教育研究，2000，（2）：142-146.

［5］戴桂英．学生心目中的期望值与对外汉语教师的素质［J］.汉语学习，1992，（3）：40-43.

［6］方紫帆，徐娟．国际中文教师数字素养指标体系建构研究［J］.天津师范大学学报（社会科学版），2023，（6）：25-33.

［7］葛馨，曲溪濛．熟手国际汉语教师专业化过程探究［J］.继续教育研究，2017，（10）：84-86.

［8］郭睿．对外汉语教师教学效能感、职业倦怠及其关系研究［J］.语言教学与研究，2017，（2）：47-56.

［9］黄荣怀，江新，张进宝．创新与变革：当前教育信息化发展的焦点［J］.中国远程教育，2006，（4）：52-58+80.

［10］黄晓兰，宋继华．基于课堂教学视频案例的对外汉语教师培训模式［J］.现代教育技术，2010，20（5）：54-57.

［11］金旋．ChatGPT深度融入国际中文教育的应然功能、实践困境和应用策略［J］.云南师范大学学报（哲学社会科学版），2023，55（4）：52-58.

［12］李宝贵，庄瑶瑶．后疫情时代国际中文教师信息素养提升路径探析［J］.语言教学与研究，2021，（4）：34-43.

［13］李东伟．大力培养本土汉语教师是解决世界各国汉语师资短缺问题的重要战

略［J］.民族教育研究，2014，25（5）：53-58.

[14] 李嘉郁.海外华文教师培训问题研究［J］.世界汉语教学，2008，（2）：101-108.

[15] 李诺恩，梁宇.教师对数字资源的接受意愿与影响因素研究——基于473位在线国际中文教师的调查分析［J］.教育学术月刊，2023，（7）：69-76.

[16] 李晓东，刘玉屏，袁萍.国际中文教师数字能力模型构建研究［J］.民族教育研究，2022，33（4）：153-160.

[17] 李晓露，高嫚.瑞典中文教育现状及发展策略研究［J］.华文教学与研究，2023，（1）：60-68.

[18] 李学仁.论汉语教师应具备的条件［J］.语言与翻译，2000，（4）：59-60.

[19] 刘飚，Misbah Rashid.全巴基斯坦本土汉语教师的发展历程与展望［J］.南亚研究季刊，2016，（1）：104-108+6.

[20] 刘晓梅.对外汉语教学中文化的定位、体系建构及教师素质［J］.黑龙江高教研究，2005，（7）：56-57.

[21] 刘玉屏，李晓东，郝佳昕.国际中文教师数字能力现状与影响因素研究［J］.民族教育研究，2021，32（3）：139-146.

[22] 吕必松.关于对外汉语教师业务素质的几个问题［J］.世界汉语教学，1989，（1）：1-17.

[23] 马鹏程.赴阿拉伯国家中文教师社会文化适应探析［J］.民族教育研究，2023，34（1）：168-176.

[24] 亓海峰，丁安琪.海外汉语教师在线教学现状调查分析［J］.天津师范大学学报（社会科学版），2021，（5）：42-47.

[25] 阮文清，曾小燕.越南高校汉语师资现状分析［J］.华文教学与研究，2016，（3）：63-73.

[26] 石旭登，吴勇毅.负面教学经验对汉语教师行为的影响——基于叙事的阐释［J］.华文教学与研究，2019，（2）：81-86.

[27] 王春燕.提高汉语教师素质之我见［J］.语言与翻译，1997，（3）：58-60.

[28] 王辉.新冠疫情影响下的国际中文教育：问题与对策［J］.2021，（4）：11-22.

[29] 王添淼.留学生汉语学习信念：学生与教师认知状况的比较研究［J］.民族教育研究，2019，30（6）：135-142.

[30] 王宇.新西兰本土语言教师培养路径［J］.首都师范大学学报（社会科学版），

2014, (S1): 168-172.

[31] 徐娟, 马瑞祾. 数字化转型赋能国际中文教育高质量发展 [J]. 电化教育研究, 2023, 44 (10): 121-128.

[32] 王琦. 国际汉语职前教师的 TPACK、技术态度、技术整合自我效能关系研究 [J]. 西北师大学报 (社会科学版), 2020, 57 (5): 127-135.

[33] 王帅, 赵润泽, 孙朝阳. 国际中文教师信息化教学能力研究: 框架、现状与提升路径 [J]. 语言教学与研究, 2023, (6): 1-14.

[34] 万筱铭. 对外汉语教师解释性教学语言的应用研究 [J]. 语言与翻译, 2023, (1): 66-72.

[35] 徐笑一, 李宝贵. 海外华文本土教师培养的新模式探索 [J]. 新疆师范大学学报 (哲学社会科学版), 2018, 39 (1): 153-160.

[36] 赵燕华, 韩明. 泰国本土汉语教师培训现状及对策分析 [J]. 广西师范大学学报 (哲学社会科学版), 2013, 49 (4): 140-146.

[37] 央青, 周兵. 新西兰中文教育发展现状与前瞻 [J]. 民族教育研究, 2022, 33 (2): 160-168.

[38] 叶军, 赵寻. 国际中文教师专业发展的基本路径 [J]. 华文教学与研究, 2023, (4): 18-24.

[39] 虞莉. 美国大学中文教师师资培养模式分析 [J]. 世界汉语教学, 2007, (1): 114-123+4.

[40] 赵素珍. 提高汉语教师队伍素质的几点认识 [J]. 语言与翻译, 1999, (4): 47-49.

[41] 赵忠江, 印明鹤. 高校对外汉语师资培养培训的新理念 [J]. 现代教育管理, 2010, (4): 91-94.

[42] 张和生. 对外汉语教师素质与培训研究的回顾与展望 [J]. 北京师范大学学报 (社会科学版), 2006, (3): 108-113.

[43] 张玉喆, 陈申. 澳大利亚的中文教育环境及专项中文教师培训项目个案分析 [J]. 华文教学与研究, 2014, (2): 28-36.

[44] 周健. 论汉语教学中的文化教学及教师的双文化意识 [J]. 语言与翻译, 2004, (1): 64-67.

[45] 周勇. 国际中文教师供需矛盾分析与对策 [J]. 教师教育研究, 2020, 32 (2): 110-115.

Research into Teachers of Chinese to Speakers of Other Languages in China's Core Journals: Retrospect and Reflection (1989~2023)

Wang Yonghua[1] *, Wang Hui*[2]

(1. School of Foreign Languages , Jimei University ;

2. College of International Education and Social Development ,

Zhejiang Normal University)

Abstract: This article reviews the literature on teachers of Chinese to speakers of other languages published in core Chinese journals from 1989 to 2023 by analysing the evolution of this concept, the phases of research topics, and the features of research methods. The findings show that the concept of teachers of Chinese to speakers of other languages is rigorous, reflecting the development and internationalisation of the field of teaching Chinese to speakers of other languages. Research in China's core journals on this topic has progressed through five stages: teacher quality, cultural awareness, training and development, international and regional studies, and digital intelligence. Methodologically, the published research is characterised by its diversity, with a primary focus on both speculative and empirical studies. We suggest that future research on teachers of Chinese to speakers of other languages should focus on diverse research topics, adopt various theoretical perspectives, and employ assorted methods to foster professional learning and vocational growth among teachers and promote international Chinese language education.

Keywords: Teachers of Chinese to Speakers of Other Languages; Teaching Chinese to Speakers of Other Languages; Speculative Research

DST 视域下柬语母语者汉语书面语句法复杂性研究[*]

张　欢　安　然[**]

摘　要　以动态系统理论（DST）为指导，本研究考察了 12 名柬语母语者一学年内汉语书面语的句法表现，着重剖析了句法复杂性各指标的动态发展及交互影响。结果显示：（1）句法复杂性各指标波动上升，呈现明显的非线性与跳跃性。其中，话题链分句长度变化最大，话题链分句数量变化最小。（2）话题链数量与零形成分数量的发展模式较相似，二者呈"支持交互"；话题链分句长度与话题链分句数量呈"竞争交互"，多次出现"峰谷对应"。（3）句法发展过程存在明显的个体差异，不容忽视。可见，汉语二语书面语句法发展是复杂、动态的过程，研究者须从多角度综合考察，才能认识汉语句法习

---

*　本文为教育部中外语言交流合作中心国际中文教育研究课题"动态系统理论视域下柬语母语者汉语书面语质量研究（22YH82C）"、教育部人文社会科学研究青年课题"跨文化视域下东南亚五国本土汉语教材中国形象比较研究（23YJC740088）"、科技部外国专家项目"跨文化视域下周边国家本土汉语教材中国形象研究（DL2023163002L）"的阶段性成果。

**　张欢，博士，华南理工大学新闻与传播学院助理研究员，研究方向为国际中文教育、语言传播；安然，博士，华南理工大学国际教育学院二级教授，博士生导师，研究方向为国际中文教育、跨文化传播。

得全貌。

关键词　汉语二语书面语；句法复杂性；动态系统理论

一　引言

句法复杂性（Syntactic Complexity）是汉语二语写作教学与研究中的重要概念，指产出的语言中句法形式的变化范围及复杂程度（Ortega，2003；Lu，2011；Bulté & Housen，2014）。从作用来看，句法复杂性既是衡量汉语二语者语言水平的关键指标，同时也能有效预测写作质量，重要性不言而喻。然而，深入研究后发现，句法复杂性并非简单线性发展，过程充满变异。因此，学界主张突破静态的线性研究范式，倡导从动态视角重新审视句法习得，关注各维度的变化及曲线关联。语言发展是多维度、多因素相互制约的过程，考察句法复杂性的动态变化对观察二语学习者语言水平的历时发展及写作质量的提升具有重要意义。鉴于此，本文将跟踪汉语二语书面语句法复杂性变化，考察不同维度及其指标的动态变化及潜在关系，同时关注个体差异，旨在为全面认识汉语句法习得提供参考。

二　文献综述

（一）二语者句法复杂性研究

句法复杂性是二语书面语研究的重点与热点，其成果可分为两大类。第一类，宏观构建二语句法复杂性测量体系并探讨有效维度、指标的选取（Wolfe-Quintero et al.，1998；Ortega，2003；Jin，2007；Yuan，2009；Lu，2011；Jiang，2013；陆小飞、许琪，2016；刘金路、杨楠，

2024）。其中，Jin（2007）、Yuan（2009）指出 T 单位无法有效测量汉语句法复杂性，而 Jiang（2013）发现"无误 T 单位百分比"较为可靠。因此，T 单位对汉语句法的有效性存在争议，尚需验证。第二类，微观考察二语书面语句法复杂性发展模式（Ellis & Yuan，2004；鲍贵，2009；赵俊海、陈慧媛，2012；吴继峰，2016、2019；亓海峰、廖建玲，2019；张欢、王衍军，2022）。Jin（2007）将"话题链""零形成分"纳入汉语句法测量维度，吴继峰（2016、2019）、张欢和王衍军（2022）在此基础上开展实证研究，结果显示话题链、零形成分符合"汉语重视篇章"的属性，可视为有效测量维度。上述研究将句法发展构拟为线性过程，从静态层面探讨二语者在不同学习阶段句法复杂性的共时特征，但缺少必要的动态分析与典型个案讨论，存在不足。

（二） DST 视域下的句法复杂性研究

动态系统理论（Dynamic Systems Theory，DST），由 Larsen-Freeman（1997）引入应用语言学界。该理论影响之下的语言观认为：第一，语言是由彼此联结、相互制约的多个子系统构成的自组织、自适应系统（De Bot et al.，2007）；第二，语言发展是动态、复杂的非线性过程，难以预测；第三，语言发展存在个体差异，不容忽视。句法发展便是如此，发展过程具有明显的动态复杂性。

近年来，DST 在二语习得界的影响渐增，研究者借助该理论逐渐打破静态研究模式，关注句法发展的动态特征，并开辟了新的研究路径，即以 DST 为指导，通过可视化轨迹全面讨论二语句法复杂性的发展过程。现有成果大致分三类。第一类，探讨句法与其他语言子系统的交互关系（Verspoor et al.，2008；纪小凌，2009；Spoelman & Verspoor，2010；郑咏滟、冯予力，2017；郑咏滟，2018；王海华等，2022）。此类研究指出语言发展是多因素在多维度、多层面不断交互的复杂过程。第二类，跟踪二语书面语句法复杂性发展，考察各指标的纵向变化及互动方式。江韦姗、王同顺（2015）强调句法各维度呈非线性变化，存在深层互动关系，竞争与支持并存。张燕（2023）指出学习者英语书面语语言准确性和句法复杂性呈负相关，二者存在竞争关系。第三类，剖析二语者句法发展模式的个体差异。Larsen-Freeman（2006）、Chan et al.（2015）指出个体与群体、不同个体间句法复杂性发展路径不尽相同，具有个性化。

综上可见，基于 DST 的语言习得研究日渐升温，成果不断涌现，推动了该领域的发展。然而，不足之处在于：第一，基于 DST 的句法研究多聚焦英语二语习得，而对汉语二语句法复杂性动态特征关注不够，成果较少；第二，学者鲜以柬语母语者为被试纵向跟踪汉语句法复杂性发展；第三，现有研究多重视群体句法发展特征，较少探讨句法变化的个体差异。鉴于此，本文聚焦句法系统，以 DST 为理论指导，重点挖掘柬语母语者在汉语习得过程中句法复杂性的动态变化及交互机制，并探讨个体差异，尝试揭示汉语二语者句法发展模式。

三　研究设计

（一）研究问题

问题一：柬语母语者汉语二语书面语句法复杂性各维度及其指标有何变化？

问题二：句法复杂性各指标是否存在相关关系及交互影响？如有，如何表现？

（二）研究被试

本研究在柬埔寨金边某国际学校八年级 B 班进行。被试为 12 名柬语母语者，年龄在 14~16 岁，男生 4 名，女生 8 名，编号 1~12。所有被试进入国际学校后开始学习汉语，所学汉语课程基本相同，教育背景较为一致。实验前，被试汉语词汇量约 2000 个，已学汉语写作 3 年半，每周 1 次作文课（40min）。前测结果显示：12 名被试汉语水平无显著差异（p=0.104>0.05），符合实验要求。

（三）测量维度及指标

Jin（2007）、Yuan（2009）、安福勇（2015）、吴继峰（2016）等研究表明 T 单位不一定适用于汉语二语句法复杂性测量。汉语重视语篇，突出话题。因此，本研究排除 T 单位，主要从话题链、零形成分两个维度考察汉语书面语句法复杂性变化。

1. 话题链

话题链指包含两个以上分句的单位，分句主题相同，但仅出现于第一分句，其余以"零主题"或"零代词"代替（Jin，2007）。本研究将话题链数量、话题链分句长度、话题链分句数量作为具体指标。话题链数量指每篇作文中话题链的个数；话题链分句长度指每篇作文中话题链分句的平均长度；话题链分句数量指不同话题链包含的平均分句个数。例如：

（1）XX 是我的好朋友，我喜欢跟她一起旅游。因为一起旅游，她会带我吃美食，ø 会给我拍好看的照片，ø 还会让我在美景中放松自己。

（2）柬埔寨一年只有两个季节，旱季和雨季。旱季不下雨，ø 很热，ø 很干的。但是，雨季也很热，ø 会下雨，ø 下大雨哦，下雨就舒服一点点。

2. 零形成分

零形成分指作文中出现的"零主题"或"零代词"现象（例句"ø"处）。本文通过计算零形成分个数来测量句法复杂性。

（四）实验程序

1. 写作训练

本实验采用历时设计，连续一学年对 12 名被试进行两周一次的写作训练，每学期 6 次，共 12 次。写作训练以记叙文为主，第一学期涉及人物、爱好、学习、节日、季节、职业 6 个话题，第二学期涵盖城市、运动、旅行、难忘的事、文化、健康 6 个主题。写作过程可查阅辅助资料，但严禁抄袭，350 字左右，被试须一周内提交纸质作文。

2. 语料收集

本实验历时一学年，收集作文 144 篇，共 56042 字。经两位教师反复审阅，确认所有作文无明显抄袭，均为有效语料。作文语料逐篇被转录为电子文本，并按照被试编号、写作节点、话题等进行编码，自建语料库。

3. 文本处理

文本处理包括三个步骤：一是逐篇切分话题链；二是计算每篇作文的话题链数量、话题链分句长度、话题链分句数量；三是统计每篇作文的零形成分数量。为了保证切分合理，两位老师交叉处理，互相核对，最后确定各指标数量。

（五）研究方法

1. 移动极值图

Van Geert & Van Dijk（2002）研发了移动极值图并首先运用于儿童母语研究，Verspoor et al.（2008）将其引入二语习得领域。该图的制作原理：根据测量次数，将数据分为若干移动的子系列。本研究共测量 12 次，每 4 次为一个子系列，计算每个子系列的极大值与极小值，记录两组数据并绘制折线图，观察其发展轨迹。算法如下：

$$\max(t1...t4), \max(t2...t5), \max(t3...t6)......\max(t9...t12).$$
$$\min(t1...t4), \min(t2...t5), \min(t3...t6)......\min(t9...t12).$$

2. 移动相关系数图

移动相关系数反映了两个指标相关性的动态变化，绘制方法与极值图类似：将数据分为若干移动子系列，计算并记录每一子系列两指标的相关性，将所得数据绘制为折线图，用以考察相关系数的阶段性变化。

3. 蒙特卡罗模拟

蒙特卡罗模拟，又称随机抽样法，从原始数据中反复抽样并重新模拟计算数据间的关系，与原始数据间的相关关系进行比较，Verspoor et al.（2011）详细阐释了操作步骤。本研究采用蒙特卡罗模拟（5000次）进行再抽样检测，配合分析句法复杂性指标的变化趋势、交互影响及其显著程度。

四　结果与分析

（一）句法维度与指标的变化

1. 话题链数量变化

话题链数量是衡量汉语句法复杂性的必要指标。图 1 多项式拟合结果显示[①]：话题链数量总体上升，前半段增幅大，后半段增幅小。从均值看，话题链数量不断变化，在第 9（M = 4.17）、11（M = 4.33）、12（M = 4.67）次作文中居多，原因在于"旅行""文化""健康"等话题与当下生活密切关联，背景知识较丰富，自然"多写""写长""写好"。此外，话题链数量极值差也不断变化。

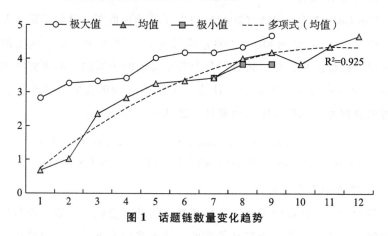

图 1　话题链数量变化趋势

图 1 呈现了话题链数量整体发展趋势，然而并非所有被试都遵循该

---

① R² 越接近 1，表示多项式对指标发展趋势的拟合度越高，越接近实际情况。

模式。本研究发现不同被试话题链数量的发展路径存在差异，而"个体差异对二语习得研究的意义更大"（文秋芳，2009）。因此，通过计算作文次数与话题链数量的相关性，选取相关性最高（被试5：r=0.713，p=0.008<0.05）、最低（被试11：R=0.425，p=0.047<0.05）的被试，通过极值图分析个体差异（见图2）。

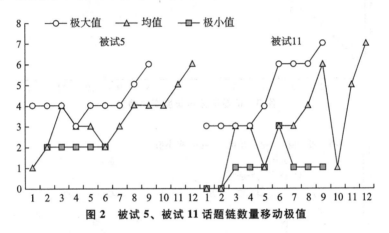

图2　被试5、被试11话题链数量移动极值

图2显示，被试5作文话题链数量呈波动上升趋势，其极值差也不断变化。在第1个子系列中，极值差稍大，但总体趋小化。被试11话题链数量波动增加，上升与下降交替出现，起伏较大；极值差也不断变化，在第9个子系列中出现峰值，达7。利用蒙特卡罗模拟（5000次）检验两位被试话题链数量变化趋势，结果显示：被试5汉语作文话题链数量有显著变化（p=0.049<0.05），发展较为稳定，被试11汉语作文话题链数量无显著变化（p=0.241>0.05），个体发展偶然性较大。

2. 话题链分句长度变化

图3显示话题链分句长度总体呈上升趋势，前半段（第1~7次）几乎直线上升，从第8次开始，曲折变化，第11次出现峰值（M=8.95）。另外，话题链分句长度极值差逐渐缩小。根据作文采集点与话题链分句长度相关性检验结果，本研究筛选相关性最高（被试7：r=0.703，p=0.046<0.05）与最低（被试2：r=0.421，p=0.040<0.05）两位被试完成差异分析（见图4）。

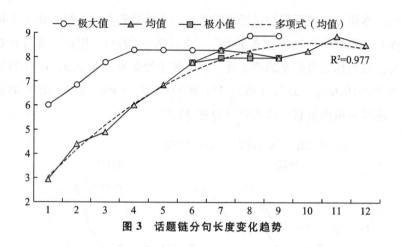

图3　话题链分句长度变化趋势

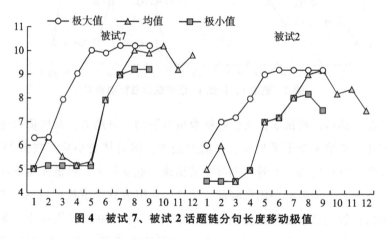

图4　被试7、被试2话题链分句长度移动极值

　　图4显示，从均值看，两位被试话题链分句长度总体呈上升趋势，但过程变化不一。从极值看，两位被试极值差发展趋势不尽相同，被试7在第3~5个子系中，极值差持续增大，从第6个子系列开始变小。被试2极值差变化不稳定，在第1~4个子系列中极值差较大。蒙特卡罗模拟对话题链分句长度变化趋势抽检（5000次）结果显示：两位被试话题链分句长度均未进入平稳发展期（被试7：$p = 0.127 > 0.05$；被试2：$p = 0.063 > 0.05$），发展具有偶然性。

3. 话题链分句数量变化

图 5 显示，12 位被试话题链分句数量均值整体增加，第 1~4 次变化较大，第 5 次起该指标呈波浪式变化，幅度不大，第 9 次出现峰值（M = 2.41）。此外，话题链分句数量极值差逐渐减小，并维持稳定。依据作文次数与话题链分句数量相关性检验结果，挑选相关系数最高（被试 12：r = 0.731，p = 0.039 < 0.05）、最低（被试 3：r = 0.301，p = 0.118 > 0.05）的被试，进行差异分析（见图 6）。

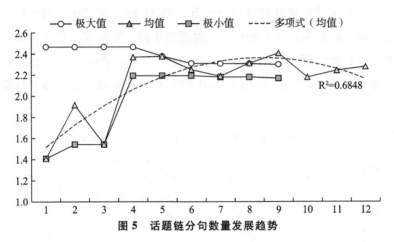

图 5　话题链分句数量发展趋势

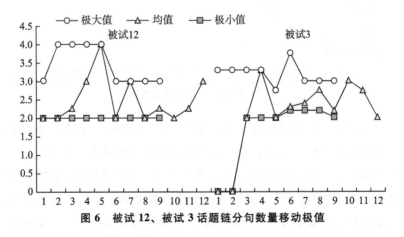

图 6　被试 12、被试 3 话题链分句数量移动极值

图 6 中，被试 12 和被试 3 话题链分句数量发展趋势差异较大。被

试 12 话题链分句数量均值波动发展，在第 5 次出现峰值，达 4。被试 3 在第 1~2 次作文中话题链分句数量均值为 0，第 3~4 次均值线性增加，第 5 次起曲折变化。此外，被试 3 极值差在第 1~2 个子系列较大，后逐渐缩小，但持续波动。蒙特卡罗模拟（5000 次）抽检结果表明：目前，两位被试作文话题链分句数量均未进入稳定发展期（被试 12：p = 0.234 > 0.05；被试 3：p = 0.117 > 0.05）。

4. 零形成分数量变化

图 7 显示零形成分数量曲折增加，第 11 次均值最大（M = 3.67）。此外，该指标极值差由大变小，发展渐趋平稳。零形成分数量与作文次数相关性检验结果中，被试 3（r = 0.715，p = 0.009 < 0.05）相关性最高，被试 9（r = 0.386，p = 0.041 < 0.05）相关性最低，二者移动极值见图 8。

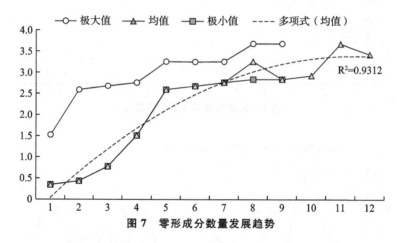

图 7　零形成分数量发展趋势

图 8 显示，两位被试零形成分数量的发展路径与整体趋势差异较大，个体特征明显。其中，被试 3 零形成分数量波动大，过程出现“骤升”“骤降”，极值差变化也较大。被试 9 零形成分数量均值总体上升，在第 6~12 次“上升”“下降”规律交替，其极值差在第 1~3 个子系列中不断增加，但从第 4 个子系列开始，极值差基本保持不变，发展较为稳定。蒙特卡罗模拟检测结果说明：被试 3 零形成分数量未进入平稳期

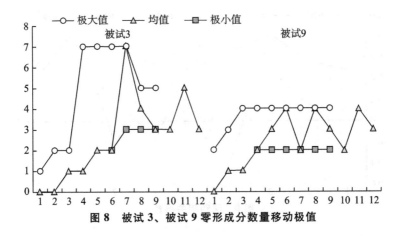

图 8　被试 3、被试 9 零形成分数量移动极值

（p=0. 169>0. 05），而被试 9 零形成分数量暂时进入稳定发展期（p= 0. 044<0. 05）。

综上可见，汉语句法复杂性各指标波动增加，过程曲折多变，充分体现了二语句法发展具有非线性、动态性与复杂性的特点。

（二）句法指标间的关系

1. 句法指标间的相关关系

文章对句法复杂性各指标进行了整体相关性检测，结果表明任意两个句法复杂性指标均存在显著相关性（r>0. 7，p<0. 05）。为了进一步观察指标间相关性的动态变化，本文绘制了移动相关系数图。①

据图 9 可知，句法复杂性任意两指标间的相关关系既非固定不变，也非直线上升，而是不断波动，曲折变化。以其中两组为例：第一，话题链数量与话题链分句长度（t-tcl）最高相关系数 r=0. 87，最低相关系数 r=-0. 22，两指标相关性不断变化；第二，话题链分句数量与零形成分数量（tc-z）最高相关系数 r=0. 71，最低相关系数 r=-0. 34，相关关系充满不确定性。可见，句法复杂性指标间的关系并非始终高度相

———————

①　为制图方便，此处将话题链数量、话题链分句长度、话题链分句数量、零形成分数量分别记作 t、tcl、tc、z。

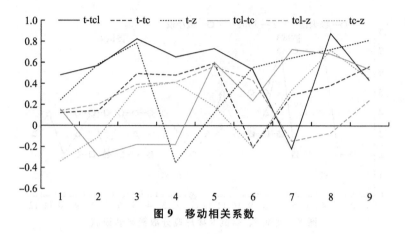

图 9　移动相关系数

关，而是在时间序列中不断改变。另外，与整体相关性结果比较，移动相关系数清晰呈现了不同阶段句法指标相关性的动态变化。

2. 句法指标间的交互影响

由于句法复杂性各指标测量值单位不同，数值差别大，本文将四组数据标准化处理，标准化后的数据表征与原数据保持一致（见图 10）。由于篇幅受限，本文选取话题链数量与零形成分数量、话题链分句长度与话题链分句数量两组具体探讨指标间的交互关系。

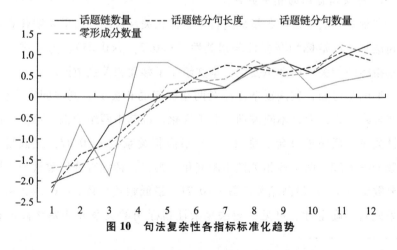

图 10　句法复杂性各指标标准化趋势

图 10 显示，话题链数量、零形成分数量发展趋势较一致，尤其在

第 1~8、11 次写作中，两指标几乎一致上升。蒙特卡罗模拟检验结果为 p＝0.059>0.05，两组数据无显著差异，表明在句法习得过程中，话题链数量与零形成分数量增长模式相似，大体呈支持交互。

话题链分句长度与话题链分句数量交互关系不断变化。在第 2~3、6~10、12 次作文中，两指标相悖发展，互相竞争，且在第 7 和 9 次作文中出现"峰谷对应"；在第 1、4~5、11 次作文中，二者变化一致，同时增加。蒙特卡罗模拟（5000 次）抽检结果为 p＝0.039<0.05，两组数据差异显著，表明话题链分句长度与话题链分句数量以竞争交互为主。

综上，句法复杂性各指标发展既非线性上升，也非独自变化，而是持续波动且不断交互，既有相互支持，也有彼此竞争，呈现了句法复杂性的动态特征。

五　讨论

（一）句法发展模式

本研究运用动态系统理论，跟踪考察了 12 名柬语母语者一学年内汉语书面语句法复杂性的历时变化，结果显示：第一，句法复杂性各指标波动上升，充满变异；第二，句法复杂性指标间关系密切，既有支持，也有竞争；第三，不同个体句法发展方向及路径并不趋同，语言习得存在个体差异。

根据可视化轨迹，本研究将句法发展模式分为两类。第一类，变化中增加，增幅由大变小。从结果看，话题链数量、话题链分句长度、零形成分数量前半段增长快，后半段增长慢，这一结果与吴继峰（2017）研究发现并不一致。吴继峰（2017）指出，进入中后期，话题链数量、零形成分数量仍保持大幅增长。主要原因在于两项研究中被试汉语水平以及对汉语的认知程度不一致。本研究中，12 名被试汉语水平稍高，对汉语以及汉柬语言差异有一定认知，且处于稳定状态，因此话题链数量、话题链分句长度、零形成分数量后期增长放缓，变化趋于平稳。

第二类，变化中下降。"倒退"是知识发展的一部分（Larsen-Freeman，2006），无法规避且难以预测，体现了"语言的自组织性与自适应性"（Larsen-Freeman & Cameron，2008）。这种"退步"在句法各指标中均有所体现，例如在第 8~9、12 次作文中，话题链分句长度出现滑落；在第 9、12 次作文，零形成分数量下降。原因在于：学习者汉语习得程度会产生变化，句法知识不断经历自组织与重构，引起了既有知识的"浮现"（Van Geert，2003），从而产生了"倒退"。

句法发展过程中出现的"停滞"现象在动态系统理论中被称为"吸态"（De Bot et al.，2005；李兰霞，2011；郑咏滟，2011）。例如被试 5 话题链数量在第 4~5、8~10 次作文中均出现"吸态"，然后继续变化。可见，"吸态"并非最终状态，而是暂时停滞。语言习得正是从一个"吸态"进入另一个"吸态"的变化过程。

（二）句法指标的交互关系

语言子系统存在交互关系，可形成"关联生长点"：同增、同降，形成支持关系；此消彼长，形成竞争关系（李兰霞，2011）。就句法而言，指标间的交互关系不单一、不固定，支持与竞争并存，而且随着时间推移不断变化（Chan et al.，2015）。

1. 支持交互

话题链数量与零形成分数量变化大体一致，表明两个层面的句法知识增长模式相似。具体看，第 1~2 次作文，话题链数量少，零形成分数量也相对较少。第 3 次以后，话题链增加，零形成分数量随之增加，变化规律相似，共同点明显。蒙特卡罗模拟抽检结果显示两指标发展趋势无显著差异（$p = 0.059 > 0.05$）。原因在于：零形成分数量依赖话题链数量，二者关系密切，共现较多，有利于被试形成使用习惯，从而降低对认知资源的需求（Skehan，1998）。因此，话题链数量与零形成分数量可视为动态系统理论的"关联增长点"。

2. 竞争交互

Skehan（1998）提出"权衡假说"（Trade-off Hypothesis），认为学习者无法将有限的注意力、认知资源平均分配给多个语言子系统，容易"顾此失彼"。以话题链分句长度与话题链分句数量为例：当认知资源、注意力充足时，话题链分句长度持续提高，第 7 次作文中第一次出现峰值（M = 8.37），意味着"无需集中资源维持良好表现"（Johnson et al.，2012），而将多余资源分配给"关联生长点"。话题链分句长度达到峰值，实为话题链分句数量开始增加的拐点。因此，在竞争关系中，一个指标的增加以另一个指标的减少为条件，此消彼长，且"峰谷对应"。另外，两指标之间的竞争交互主要映射学习者对语言知识的掌握程度及运用惯性，而非语言的本质特征。

六 结论与启示

本文在 DST 指导下，充分利用可视化轨迹图，深入剖析了 12 名柬语母语者一学年内书面语句法复杂性指标的变化趋势以及交互关系，揭示了汉语二语者句法发展的跳跃性、变异性、动态性、非线性等特征。结合实证结果和教学实践，文章提出几点启示。

第一，学习者句法复杂性各指标动态上升，过程伴随倒退、磨蚀等现象，而且个体发展路径与群体趋势存在差异。鉴于此，一方面，研究者应借鉴 DST 突破静态化研究范式，直面复杂、多变的习得过程，关注句法的动态变化，探寻内部发展机制与外部制约因素，加深对句法习得的认识。另一方面，在研究群体句法特征的同时，应重视学习者个体句法能力的培养。

第二，句法复杂性各指标并非独自发展，而是彼此交互，其中，话题链数量与零形成分数量基本同步发展，呈支持交互。这就提示教师可将"话题链""零形成分"概念同时引入汉语写作教学，提供大量语言样板，引导学生有意识模仿原文表达，撬动外供材料与学习者的"互动协同"，从而提高话题链、零形成分的使用率。

第三，汉语句法发展具有多维性与独特性。因此，学界应加快构建完善的句法测量体系，纳入话题链、零形成分等多个维度，忌忽略整体而只探讨某一维度。同时，学界应积极开发汉语句法复杂性测量指标，勿直接套用英语句法指标。

此外，本研究也存在不足之处：一是限于客观原因，考察时间为一学年，周期稍短；二是限于篇幅及文章重点，未对诱发二语者句法个体差异的因素进行阐释。因此，未来研究将适当延长考察周期，从初级到高级，细致跟踪汉语二语者的句法表现，并深入挖掘个体差异的触发机制及影响因素。

参考文献：

［1］安福勇．不同水平 CSL 学习者作文流畅性、句法复杂度和准确性分析———一项基于 T 单位测量法的研究［J］.语言教学与研究，2015（3）：11-20.

［2］鲍贵．英语学习者作文句法复杂性变化研究［J］.外语教学与研究，2009（4）：291-297.

［3］纪小凌．英语学习者书面语发展研究［J］.现代外语，2009（2）：178-185.

［4］江韦姗，王同顺．二语写作句法表现的动态发展［J］.现代外语，2015（4）：503-514.

［5］李兰霞．动态系统理论与第二语言发展［J］.外语教学与研究，2011（3）：409-421+480-481.

［6］刘金路，杨楠．英语复句句法复杂性的计量研究［J］.外国语，2024（3）：40-52.

［7］陆小飞，许琪．二语句法复杂度分析器及其在二语写作研究中的应用［J］.外语教学与研究，2016（3）：409-420+479-480.

［8］亓海峰，廖建玲．基于记叙文和议论文的汉语二语写作发展研究［J］.世界汉语教学，2019（4）：563-576.

［9］王海华，杨扬，杨仔．二语学习者跨体裁写作语言复杂性与准确性互动关系研究［J］.外语教学理论与实践，2022（2）：39-48+162.

［10］文秋芳．二语习得跟踪研究的三个基本问题：分类、设计与可比性［J］.中国外语，2009（2）：54-60.

[11] 吴继峰. 英语母语者汉语书面语句法复杂性研究 [J]. 语言教学与研究, 2016 (4): 27-35.

[12] 吴继峰. 英语母语者汉语书面语动态发展个案研究 [J]. 现代外语, 2017 (2): 254-264.

[13] 吴继峰. 韩国学生不同文体写作中的语言特征对比研究 [J]. 语言教学与研究, 2019 (5): 1-12.

[14] 张欢, 王衍军. 柬语母语者汉语书面语句法复杂度研究 [J]. 华文教学与研究, 2022 (1): 79-85.

[15] 张燕. 动态系统理论下非英语专业大学生英语书面语能力动态发展研究 [J]. 文化创新比较研究, 2023 (17): 37-41.

[16] 赵俊海, 陈慧媛. 英语学习者书面语语法复杂度的测量研究 [J]. 外语教学理论与实践, 2012 (1): 27-33.

[17] 郑咏滟. 动态系统理论在二语习得研究中的应用——以二语词汇发展研究为例 [J]. 现代外语, 2011 (3): 303-309.

[18] 郑咏滟. 高水平学习者语言复杂度的多维发展研究 [J]. 外语教学与研究, 2018 (2): 218-229.

[19] 郑咏滟, 冯予力. 学习者句法与词汇复杂性发展的动态研究 [J]. 现代外语, 2017 (1): 57-68.

[20] Bulté, B. & Housen, A. Conceptualizing and measuring short-term changes in L2 writing complexity [J]. *Journal of Second Language Writing*, 2014, 26: 42-65.

[21] Chan, H. P., Verspoor, M. & Vahtrick, L. Dynamic development in speaking versus writing in identical twins [J]. *Language Learning*, 2015 (2): 298-325.

[22] De Bot, K., W. Lowie & M. Verspoor. *Second Language Acquisition: An Advanced Resource Book* [M]. London: Routledge, 2005.

[23] De Bot, K., Lowie, W. & Verspoor, M. A dynamic systems theory approach to second language acquisition [J]. *Bilingualism: Language and cognition*, 2007 (1): 7-21.

[24] Ellis, R. & Yuan, F. The effects of planning on fluency, complexity, and accuracy in second language narrative writing [J]. *Studies in Second Language Acquisition*, 2004 (26): 59-84.

[25] Johnson, M. D., Mercado, L. & Acevedo, A. The effect of planning sub-processes

on L2 writing fluency, grammatical complexity, and lexical complexity [J]. *Journal of Second Language Writing*, 2012 (3): 264-282.

[26] Jiang, W. Y. Measurements of development in L2 written production: the case of L2 Chinese [J]. *Applied Linguistics*, 2013 (1): 1-24.

[27] Jin, H. G. Syntactic maturity in second language writings: A case of Chinese as a foreign language (CFL) [J]. *Journal of the Chinese Language Teachers Association*, 2007 (42): 27-54.

[28] Larsen-Freeman, D. Chaos/Complexity science and second language acquisition [J]. *Applied Linguistics*, 1997 (2): 141-165.

[29] Larsen-Freeman, D. The emergence of complexity, fluency, and accuracy in the oral and written production of five Chinese learners of English [J]. *Applied Linguistics*, 2006 (4): 590-619.

[30] Larsen-Freeman, D. & Cameron, L. *Complexity Theory and Applied Linguistics* [M]. Oxford: Oxford University Press, 2008.

[31] Lu, X. F. A corpus-based evaluation of syntactic complexity measures as indices of college-level ESL writers' language development [J]. *TESOL Quarterly*, 2011 (1): 36-62.

[32] Ortega, L. Syntactic complexity and measures and their relationship to L2 proficiency: A research synthesis of college-level L2 writing [J]. *Applied Linguistic*, 2003 (4): 492-518.

[33] Skehan, P. *A cognitive approach to language learning* [M]. Oxford: Oxford University Press, 1998.

[34] Spoelman, M. & Verspoor, M. Dynamic patterns in development of accuracy and complexity: A longitudinal case study in the acquisition of Finnish [J]. *Applied Linguistics*, 2010 (4): 532-553.

[35] Van Geert, P. & Van Dijk, M. Focus on variability: New tools to study intra-individual variability in developmental data [J]. *Infant Behavior and Development*, 2002 (4): 340-374.

[36] Van Geert, P. Dynamic systems approaches and modeling of developmental processes. In J. Valsiner & J. Conlolly (eds). *Handbook of Developmental Psychology* [M]. London: Sage, 2003.

[37] Verspoor, M. , Lowie, W. & Van Dijk, M. Variability in L2 development from a dynamic systems perspective [J]. *Modern Language Journal*, 2008 (2): 214-231.

[38] Verspoor, M. , Kees de Bot & Wander Lowie (eds). *A dynamic approach to second language development: Methods and techniques* [M]. Amsterdam: John Benjamins Publishing Company, 2011.

[39] Wolfe-Quintero, Kate, Shunji Inagaki & Hae Young kim. *Second language development in writing: Measures of Fluency, accuracy and complexity* [M]. Honolulu, Hawaii: University of Hawaii Press, 1998.

[40] Yuan, F. Y. Measuring learner language in L2 Chinese in fluency, accuracy and complexity [J]. *Journal of the Chinese Language Teachers Association*, 2009 (3): 109-130.

Research on Syntactic Complexity of Written Chinese by Cambodian Native Speakers From the Perspective of DST

Zhang Huan[1] , *An Ran*[2]

(1. *School of Journalism and Communication, South China University of Technology*

2. *School of International Education, South China University of Technology*)

Abstract: In light of Dynamic Systems Theory, this study aims to explore the dynamic development and interaction of syntactic complexity's indices by investigating the syntactic performances of L2 Chinese writings within a school year of 12 Cambodian native speakers. Quantitative Analysis Method and Visual Trace Graphs have been used to analyze the data, and the results show that: (1) the indices of syntactic complexity are rising in fluctuation, featured by obvious non-linear, dynamic and jumping. Among the indices, the length of topic chain clause undergoes the biggest change, while the number of topic chain clauses changes in the minimum. (2) There exists supporting interaction between the number of topic chain and the number of zero components, developing with similar patterns. While there is competitive interaction between the length of topic chain clause and the number of topic chain clause, appearing several peaks and valleys. (3) There are obvious individual differences in the process of syntactic development, which can't be ignored. Therefore, it can be seen that syntactic development of L2 Chinese writing is a dynamic and variable process, which requires researchers to make studies from multiple perspectives.

Keywords: L2 Chinese Writing; Syntactic Complexity; Dynamic Systems Theory

日本明治时期职业中文教材：概况、特点及启示[*]

夏惠慧[**]

摘　要　日本的职业中文教育历史悠久、独具特色。尤其是作为其近代化开端的明治时期，职业中文教育受到高度重视，在借鉴江户时期先进经验的基础上，相关"中文+职业技能"教材的编写进入前所未有的高潮。聚焦这一时期影响深远、反映职业特征的一批经典之作，可以发现，这些教材区分不同职业的特点，教授与之相适应的中文表达；将"职业技能"融入中文教学，较早探索基于项目的教学模式；注重"职业道德"教育，在教授中文的同时展现中国传统美德。不仅如此，这些职业中文教材在编写过程中主动借鉴，传承创新；多方发力，目标统一；按需定制，服务为先，为当下国别化"中文+职业技能"教材建设提供了有益启示。

---

* 本文系湖南省教育科学规划课题"'双高计划'视域下通识教材建设研究"（ND231294）、湖南省教育厅优秀青年项目"服务'三高四新'的"中文+职业技能"教育研究"（23B1055）阶段性研究成果。

** 夏惠慧，湖南艺术教育研究所讲师，湖南师范大学文学院博士生，研究方向为国际中文教育理论与实践，"中文+职业技能"教育。

关键词 ┃ 职业中文教材；历史经验研究；日本明治时期

　　近年来，随着"一带一路"和"构建人类命运共同体"得到国际社会普遍响应，不断向纵深推进，国际中文教育界越来越关注"中文+职业技能"教育问题。早在 2018 年底，国务院副总理孙春兰就立足于孔子学院建设发展，提出了"汉语+"的概念①。此后，"中文+职业技能""中文+职业教育"等主题先后在 2019 年国际中文教育大会、2021～2022 年首届和第二届专门用途中文学术研讨会等国际学术会议上作为重要主题被学界广泛关注和深入研讨。

　　杨金成从话语体系的视角，对"中文+职业技能"的历史逻辑、理论逻辑和实践逻辑进行了梳理，指出"汉语+"和"中文+职业技能"基本要义应当是国际中文教育，因此要从语言教育的视角，特别是从专门用途语言的视角去理解其概念。② 在此基础上，通过综合周小兵关于"中文+职业技能"教学必须"有用、有效、有限"的观点；③ 以及胡建刚、贾益民关于国际职场汉语强调"速效性"，一般通过短期集中强训培养汉语交际能力的观察；④ 结合近年来第一届至第三届国际职场汉语教学研讨会的相关情况，我们可以梳理出目前学界关于"中文+职业技能"教育的一些共识——它应当是一种专门用途的中文教学，这种教学不仅需要教授中文语言知识（特别是中文交际技巧），还需要教授学习者所从事职业的专业技能。

　　虽然"中文+职业技能"是国际中文教育领域的新热点，但是在漫

---

① 2018 年 12 月 4 日，第十三届孔子学院大会在成都举行，国务院副总理孙春兰在主旨报告中首次提出"汉语+"的概念。

② 杨金成：《"中文+职业技能"话语体系的历史逻辑、理论逻辑和实践逻辑》，《中华文化国际传播》2024 年第 1 期，第 6～22 页。

③ 详见周小兵 2021 年 12 月 18 日在《华文教学与研究》二十周年研讨会上的发言《"中文+职业技术"教育的价值与路径》。

④ 胡建刚、贾益民：《国际职场汉语教学探讨》，《世界汉语教学》2022 年第 3 期，第 294～305 页。

长的国际中文教育历史上，具有"中文+职业技能"雏形的教育模式早在日本等亚洲国家长期存在。不同于当下对"中文+职业技能"教育较为清晰的界定，历史上的这类教育更像是一种早期的专门用途中文教育，服务于所在国（例如日本）与中国相关联的特定职业岗位。这里我们强调其"需求导向型""专门用途中文教育"的特征，又因为涉及的教材大多介绍了具体的"职业技能"，我们将历史上的这种教育统称为"职业中文教育"，并指出相关的专门教材具有"中文+职业技能"的显著特征。

具体到日本，它的中文教育历史长、基础好、亮点多，尤其是职业中文教育独具特色。明治时期（1868～1912）出于政治、经济、军事等方面的现实需要，职业中文教育受到高度重视，进一步向体系化、近代化迈进，呈现出鲜明的"承前启后"特征。研究明治时期的职业中文教材，对于我们进一步了解汉字文化圈"中文+职业技能"教育发展历程，推进国别化"中文+职业技能"教材建设都有非常重要的价值和意义。

一 日本明治时期职业中文教育发展概况

日本与中国的交往可以追溯到我国汉魏时期，隋唐以来，日本频频向中国派遣使团交流学习，终于在借鉴汉字的基础上创造了假名，形成了区别于汉字的新型文字。江户时期以来，随着中日贸易和文化交流的发展，汉语在日本广为传播，因袭遣唐使时期旧俗，被称为"唐话"。当时汉语的传播，主要依赖特定职业。具体来说，一是靠长崎等地从事外贸翻译工作的唐通事，二是靠在日本各地传经讲学的黄檗宗禅僧。①这两大途径都对后来明治时期的职业中文教育形成巨大影响，使得明治时期职业中文教育总体呈现比较鲜明的"承前启后"特征。

---

① 王顺洪：《日本汉语教育的历史与现状》，《语言教学与研究》1989 年第 4 期，第 26～41 页。

（一）承袭江户时期唐通事、黄檗宗职业中文教育优良传统

1. 借鉴唐通事家传技能导向教学模式

江户时期，德川幕府统治下的日本闭关锁国，只开放长崎一带与中国等国进行贸易往来。于是幕府招募了一批从中国南方归化到日本的人作为"唐通事"，专门负责贸易翻译、商务接洽相关工作。① 从工作内容来看，唐通事除了充当中日贸易活动中的翻译角色，往往还需要帮助办理船只进港、贸易商洽、业务代理及华人在日期间的一些具体事务，这就对他们的"中文+职业技能"水平提出了较高要求。

唐通事是"子承父业"的，唐通事的子弟们为了继承家族事业，既要学习中文，又要掌握服务于中日经贸活动的各项职业技能。为培养合格的接班人，一种家传式的"中文+职业技能"教育应运而生。

以长崎图书馆收藏的《唐通事心得》为例，该书记录了唐通事开展"中文+职业技能"教学的各种"心得"，其中就包括资深唐通事对于"中文+职业技能"教育的认识：

> 大凡做一个通事，不是轻易做得来。一则讲唐话，二则学文，这两样要紧。但是平常的人是多也多得很了，才艺超过人家，出类拔群的人，节眼里头隔出来的一般，十分难得了。虽然如此，这两件是通事家的家常茶饭，不足为奇。单单会通两句话，会沾笔头也做不得。那算盘上归乘除的算法，生意上增货荣运的道理，世情上的冷暖高低，这等的事情，都要明白，更兼有胆量，才是做得大通事。若是小气鼠胆的小丈夫，了做梦里也不要想做大通事。②

由此可见，唐通事的中文教学，既有口语（唐话）又有书面语

---

① 　邵继勇：《长崎贸易中的唐通事》，《江南大学学报》（人文社会科学版）2008 年第 5 期，第 60~65 页。

② 　木津祐子：《〈唐通事心得〉译注稿》，载于《京都大学文学部研究纪要》第三十九，2000 年 3 月。

（学文），不仅如此，"单单会通两句话，会沾笔头也做不得"，必须还要具备"职业技能"，即"算盘上归乘除的算法，生意上增货荣运的道理，世情上的冷暖高低"，作为一名合格的唐通事，必需"都要明白"。

这一时期唐通事教授的中文即"唐话"，以中国南方的南京话、福州话、漳州话居多。① 使用的教材有自编的《二字话》《三字话》《长短话》《三才子》《闹里闹》《养孩儿》《译家必备》，也有译介的四书五经及《今古奇观》《水浒传》等书籍。值得一提的是，在唐通事自编教材中，许多词汇、句型、表达方式，甚至是文章主旨，都体现出鲜明的"中文+职业技能"特征。例如当时教材中"字话"和"长短句"所选用的语料，有许多是涉及商务接洽的，如"讨本""欠债""取便宜""赁只船""明日清货""打个官司""你认多少钱，我赔不出许多"，等等。

到了明治时期，日本政府出于政治、外交的需要，于 1871 年开设"汉语学所"，而在相当长的时期内它使用的教材、教法都是沿用自唐通事，教师、学生也大多是唐通事及其子弟，就连学所的督长也是由原唐通事郑永宁担任，② 可见这种家传式技能导向的教学模式依然有着强大的生命力。

2. 发扬黄檗宗"中文+职业文化"的教学原则

黄檗宗禅僧的唐话教学比唐通事稍晚，清顺治年间福建黄檗宗禅僧隐元隆琦应邀率弟子赴日，建万福寺，用中文传经讲法，香火旺盛，信徒众多。③ 黄檗宗在当时影响很大，德川幕府的权臣柳泽吉保二十岁就皈依了黄檗禅宗，常把高僧请到自己的别墅六义园，第五代将军德川纲吉也曾亲临六义园讲书会。因此当时许多人为了求黄檗文化、得禅宗教化，苦心孤诣学习中文，柳泽吉保门下于是聚集了包括荻生徂徕、冈岛

---

① 参见六角恒广《日本中国语教育史研究》，王顺洪译，北京语言学院出版社，1992。六角恒广指出，唐通事主要使用南京口（话）、福州口（话）、漳州口（话）和来自中国的商船交涉，其中使用最多的是南京口（话）。

② 参见六角恒广《日本中国语教育史研究》，王顺洪译，北京语言学院出版社，1992。

③ 冯兴盛：《隐元隆琦和日本黄檗宗》，《外国问题研究》1989 年第 3 期，第 56~61 页。

冠山在内的一大批后来声名显赫的唐话学者，这些人被称为"唐话师匠""萱园学派"，这些学者后来又办"译社"，举行唐话讲习会，逐渐在江户形成学习唐话的中心。①

这些译社使用的教材主要是冈岛冠山编写的《唐话纂要》《唐音雅俗语类》《唐话便用》《唐译便览》《经学字海便览》等"唐话五种"。②例如《唐话纂要》既可以服务普通汉语学习者，也可以满足黄檗宗信徒和汉语翻译等专门职业人员的汉语学习需求；《唐音雅俗语类》区分"雅""俗"不同语体，教授谦辞、敬辞等表达方式，能够适应商务接治等正式场合的语体需求，进一步便利中日交际；《唐话便用》卷三、卷六选编的僧俗对话涉及各类问候寒暄、佛教文化、佛寺管理、生活日常等极富中国特色、体现特定职业文化特点的内容，进一步更新了后世汉语教学模式；《唐译便览》则是带有"技能手册"性质的翻译用书，这种便携式工具书使得语言学习更具实用性和针对性；《经学字海便览》可以看作《朱子语类》的中日对校本，有助于促进中日文化相互理解，提高跨文化交流的质量和效率。此外，多本教材还介绍了中国的历史和法律知识，可见其立足中日交往的现实意义。

不仅如此，在教学过程中，上述教材基本都遵循由"二字话"逐渐拓展提升至"六字话"甚至"七字话"，然后教授"常言"、"长短话"或各类"会话"的教学步骤；即便涉及不同语体，也基本是由字数较少的语料慢慢升级为字数较多的语料；甚至在《唐译便览》等教材中还会根据汉译日的句子首字，按照日语イロハ的先后顺序排布语言材料。总体看，"唐话五种"既能满足常见的"中文+职业技能"学习需求，又遵循循序渐进、由易到难的教学原则。这些教材在很大程度上影响甚至决定了明治时期职业中文教材的内容、体例、编排方式，其倡导的"中文+职业文化"的教学原则也使得唐话在日本的传播有了更浓

① 王顺洪：《日本汉语教育的历史与现状》，《语言教学与研究》1989 年第 4 期，第 26~41 页。

② 蒋春红：《从"唐话课本五编"管窥唐通事的汉语教育》，《现代语文》（语言研究版）2016 年第 7 期，第 123~127 页。

厚的风气。

站在如今全球化"中文+"服务的视角回看日本当时的职业中文教育，我们发现：唐通事们的职业中文教育虽然在形式（家传私塾）、内容（自编教材为主）、覆盖面（主要是唐通事子弟）等方面都有一些明显的局限，但它有意识地实践"中文+职业技能"教学模式，其循序渐进、实用主义的倾向更是影响至今。而比唐通事稍晚的黄檗宗禅僧及其信徒们，则较早尝试了"中文+职业文化"的教学路径。相比唐通事们的"聚焦式"中文教学，黄檗宗禅僧及其信徒们则更加注重"面上"知识的传播。也就是说，唐通事更偏重服务"中日通商"这一特定领域、专门教授办理相关事务的具体技能；而黄檗宗禅僧及其信徒们则比较注重以宗教为中心的中国相关文化知识的传播。与唐通事传授的"职业技能"相比，黄檗宗信徒们学习的这些知识可能稍显零散、抽象，但如果掌握了这些知识，对于他们在中日之间讲授佛经、传播汉学都会有比较明显的助益。这种将文化教学融入语言教学之中的理念，时至今日仍然受到广大汉语国际教育者们的重视和推崇。

（二）服务资本主义发展的新型职业中文教育萌芽

虽然江户时期已有"唐通事"和"黄檗宗"并驾齐驱、双管齐下推动职业中文教育，但德川幕府闭关锁国，每年来往中日的商船和僧侣都相对有限，因此这一时期的职业中文教育难成大势。日本在明治维新后走上资本主义道路，职业中文教育也围绕社会需求发生了重大变化，特别是出现了一批专门的职业中文教学机构，并且出版了众多的专门教材。

1. 官方与民间教学机构客观上拓宽了职业中文教育覆盖面

1871 年明治政府与清政府签订《日清修好条约》，随后设立了日本近代第一所职业中文学校——培养翻译人才的汉语学所。[①] 1873 年中日

---

① 王顺洪：《日本汉语教育的历史与现状》，《语言教学与研究》1989 年第 4 期，第 26~41 页。

正式建交，此前以南京官话为主的唐话教育已不能满足需求。① 在明治政府外务省的介入下，1876 年东京外国语学校汉语科选派留学生赴北京公使馆，同时该校从北京招聘中国教师，改教北京官话。②

1886 年，日本颁布《帝国大学令》，规定大学必须培养为帝国服务的人才。③ 东京大学、东京外国语学校、东京高等商业学校等均开设中文课程，中文甚至作为专门的外语学科供学生选择。④ 与此同时，"日清社""兴亚会中国语学校""日清贸易研究所"等民间中文学校，以及由经济界扶持、特权商人创办的"韩清语学校"等中文速成讲习班也如雨后春笋不断涌现。其中兴亚会中国语学校还区分本科（普通学生，白天授课）和别科（士官学生，晚上授课），⑤ 有明显的职业中文特征。

值得注意的是，这一时期日本的职业中文教育大多带有鲜明的"经济贸易"或"政治军事"烙印，尤其是甲午中日战争、日俄战争后，大批日本人进入中国台湾和东北，日本议会提出设立外国语学校，东京、神户、山口等地的一批高等商业学校也都把中文作为第二外语，京都帝国大学、早稻田大学、哲学馆大学，甚至一些士官学校都开设了中文课程。⑥ 这一时期比较有名的新办中文学校是"善邻书院"和"东亚

---

① 《北京官話教育の开始》（《早稻田商学》144 号，昭和 25 年）着重论述了明治初期日本的汉语学习由南京官话向北京官话转变的原因及过程。1874 年，日本向北京派驻公使，发现中国官方通用语已经是北京官话，而日本国内仍沿袭的唐话教学是偏向于南京官话的。

② 徐丽：《日本明治时期汉语教科书研究——以〈官话指南〉〈谈论新篇〉〈官话急就篇〉为中心》，北京外国语大学，2014，第 20~21 页。

③ 王幼敏：《近代日本中国语教育的历史轨迹——同远东政治紧密相连的语言教学》，《广西师范大学学报》（哲学社会科学版）2006 年第 2 期，第 100~104 页。

④ 参见六角恒广《中国语教育史の研究》，东方书店，1988；王桂《中日教育关系史》，山东教育出版社，1993。东京大学（后改为帝国大学）下设文科大学，其中的博言学科（语言学科）、汉学科先后开设中国语课程。东京外国语学校的汉语科和朝鲜语科、俄语科在该校关闭后并入东京高等商业学校（今一桥大学），作为可供选择的二外语种。

⑤ 王顺洪：《日本汉语教育的历史与现状》，《语言教学与研究》1989 年第 4 期，第 26~41 页。

⑥ 王幼敏：《近代日本中国语教育的历史轨迹——同远东政治紧密相连的语言教学》，《广西师范大学学报》（哲学社会科学版）2006 年第 2 期，第 100~104 页。

同文书院"。其中善邻书院的创始人宫岛大八倡导亚洲各国友好亲善，联合抵抗西方入侵，宣扬儒学思想并教授中文和汉学，由该书院出版发行、宫岛编写的《官话急就篇》等更是成为明治时期中文教材的典范标杆。

2. 职业中文教材不断迭代更趋丰富多样

出版于明治前期的一部分中文教材，完全继承了江户时期的教材编写传统，以"字话"和文段形式呈现语言材料，不区分语言要素，大多不注重会话教学，口语材料中有少量对话，多数为个人独白，[①] 与威妥玛《语言自迩集》被引入后主要教授北京官话的汉语教材存在明显区别，[②] 此外，由于职业的进一步拓展，原有的江户唐话教材难以适应新的学习需求，一批新的职业中文教材应运而生。

明治时期的职业中文教学摒弃了此前对"四书五经"等汉学典籍的死记硬背，而是以"手册""工具书"等形式，[③] 针对学习者具体的学习需求及学习基础，从易到难展现特定场景的实用词汇、短语及对话。例如《诸民必携洋语汉语早指南》既是明治时期的便携式汉语教材，同时也是新型的挂图式教学材料，它直接以图表对照的形式展示日语假名、罗马字母与对应的汉语常用词汇，使得语音区别一望而知，学习过程中的重点难点也更容易聚焦，这种语言对比的教学思路也是相当富有前瞻性的。此外还有《北京官话中国语学捷径》《日露清韩会话速成》《袖珍实用满韩土语案内》《口袋必携实用上海会话》等注重"速成""便携"的教材，它们大多以极富实用性的常用词汇和简单会话为教学内容，围绕在华日本人生活工作中可能遇见的各种情景，教授从日常寒暄到因公因私办事的各类交际用语，其中既包含汉语口语发音要领，也涵盖许多在华生活工作的常识性知识，这种兼具实用性和趣味性

---

① 蒋春红：《从"唐话课本五编"管窥唐通事的汉语教育》，《现代语文》（语言研究版）2016年第7期，第123~127页。

② 陈明娥：《世界汉语教育史的重大收获——评〈日本汉语教科书汇刊（江户明治编）〉》，《厦大中文学报》2016年第1期，第234~244页。

③ 刘海燕：《日本汉语教学历史管窥》，《海外华文教育》2014年第4期，第405~416页。

的内容编排无疑能提升学习者主动学习的积极性。

与此同时，一批服务特定职业的专门用途汉语教材也大量涌现。我们以六角恒广《日本中国语教学书志》收录的明治中文教材为例，发现其中名称包含了"军""兵""警""商""贸易""户口/籍""税务""法院"等字样的专门用途职业中文教材有超过 20 种。尤其是伴随着其对外扩张，在甲午中日战争期间，日本至少出版了《兵要中国语》（1894）、《日清会话附军用语》（1894）、《笔谈自在军用日清会话》（1895）、《军用商业会话自在中国语自学入门》（1895）、《日英中朝对照四国会话军务贸易翻译自在》（1895）等多部聚焦军事职业的中文教材，其中编著者包括"近卫步兵第一旅团""参谋本部""台南民政支部翻译官"等。① 而在日俄战争期间，日本则至少出版了《中国语速成军事会话附问答之部》（1904）、《北清通用军事会话问答之部》（1904）、《清国时文军事告示文范》（1904）、《军用日清会话》（1904）、《警察会话篇》（1904）、《户口调查用语》（1905）、《户籍用语》（1905）、《华语教科书商贾问答》（1905）、《华语教科书商店问答》（1905）、《法院用语日台会话篇》（1905）等一批军事或商务职业专业中文教材，其中不乏"参谋本部""陆军士官学校"等军方编著者。

值得注意的是，明治时期还诞生了日本中文教学史上具有近代色彩的专门化职业（翻译）中文考试——"满铁"（"南满洲"铁道株式会社）和"关东厅"（日本在我国辽东半岛进行殖民统治的机构）组织的中国语检定考试。② 该考试自 1904 年开始实行，直至 1945 年日本投降而退出历史舞台，主要考核实用翻译人才，存续时间贯穿了日本明治、大正、昭和三个时代。

---

① 主要参考六角恒广《日本中国语教学书志》和波多野太郎《中国语文资料汇刊》，以及徐丽《日本明治时期汉语教科书研究——以〈官话指南〉〈谈论新篇〉〈官话急就篇〉为中心》的相关统计。下文关于日俄战争期间的日本中文教材统计信息也是如此，不另注。

② 李素桢：《伪满洲国时代日本人的汉语检定史的研究》，载于《直面血与火——国际殖民主义教育文化论集》，西南大学西南民族教育与心理研究中心，2003，第249~266 页。

二 明治时期职业中文教材的主要特点

日本学者六角恒广在《日本中国语教学书志》中统计了历代 1437 种中文教学书籍（包括工具书），其中属于明治时期的有 314 种，[①] 涉及经贸、文化、军事、旅游等领域的职业中文教材更是卷帙浩繁、引人注目。明治时期中文教材不仅数量大，而且种类多，呈现出明显的"中文+职业技能"特征。

（一）区分不同职业的特点，教授与之相适应的中文表达

明治时期的商贸类职业中文教材，例如金国璞《士商丛谈便览》、足立忠八郎《北京官话日清商业会话》、御幡雅文《燕语生意筋络》、郑永邦《生财大道》等，这类教材立足中日经贸活动实际，不仅教授商业活动中常见的"会话"等入门技能，还对应"应酬""生意"等具体情境，教授难度更大的多语种"对话"和颇具中国特色的"生意经"。

明治时期的军事类职业中文教材，例如陆军参谋本部近卫步兵第一旅团《兵要中国语》、神代贱身《兵事要语日清会话》、铃木道宇《笔谈自在军用日清会话》、宫岛大八《中国语速成兵事会话》等，则介绍了中国兵制、地理环境、气候状况等与军事活动息息相关的重要信息，同时在对话部分则突出了实地侦察、情报获取、物资运输、交涉宣抚、战斗演习、武力镇压等方面话术的使用。

还有一类教材，瞄准"文书"职业，教授各种应用文的写作，这其中既包括常见商务文书，如田中庆太郎《中国商业用文》；也包括与中国官方打交道的各类公务文书以及新闻报道、广告评论等各种"时文"。例如青柳笃恒《评释中国时文轨范》、石山福治《中国文件小解》、西岛良尔《和文对译中国时文集》、足立忠八郎《清国时文辑要》、青柳笃恒《中国时文评释》等。

[①] 六角恒广：《日本中国语教学书志》，王顺洪译，北京语言文化大学出版社，2000。

而对于一些需要深入研究中国语言文字的日本学者，则有伊泽修二《日清字音鉴》、张廷彦《中国音速知》、青柳笃恒《中国语助辞用法》、皆川秀孝《中国语动词形容词用法》、后藤朝太郎《现代中国语学》、大槻文彦《中国文典》、高田忠周《汉字原理》、文部省国语调查委员会《汉字要览》等教材，从语音、词汇、语法、汉字等层面详细教授汉语特征。

此外，抛开具体职业需求，明治时期许多来华的日本人对于中国的文化风俗有比较强烈的好奇心。他们则可以通过石丸喜辅《现今中国言语风俗独案内》、张廷彦《中国语教科书·北京风土编》、冈本正文《言文对照北京纪闻》等教材，了解晚清时期中国的社会经济生活情况，以及清政府的经贸、外交、军事、文化政策，特别是中国茶叶等领域的进出口贸易、机器制造等工业发展以及在华经商办企业所需要了解的各类信息。

（二）将"职业技能"融入中文教学，较早探索基于项目的教学模式

在语言教学领域，基于项目的教学法是在杜威"问题教学法"的基础上，由其学生克伯屈提炼发展而来的。这种教学法被英语教学界率先使用，后来又在第二语言教学领域被广泛应用。[①] 现在许多职业中文教材，大多是先介绍语言知识，再用已教授的简单中文标注职业工作中的核心对象或关键流程，再添加几句"应景"的对话，然而学习者对整体工作的感知还是要借助于母语或媒介语（例如英语）的解释说明。而明治时期的职业中文教材，不仅有明显的"中文+职业技能"特征，而且难能可贵的是，这些教材往往是通过设置具体情境，借助于一些具体的"项目"或"任务"，直接用中文介绍背景、铺垫前情、展开交际，让学习者身临其境地感受"中文+职业技能"的正确使用方式。

---

① 张文忠：《国外依托项目的二语/外语教学研究三十年》，《中国外语》2010 年第 2 期，第 68~74 页。

例如中岛锦一郎《日清商业作文及会话》区分中文写作和中文口语教学，分别教授商用词汇、商务口语、商务文书、商业知识等内容，并且区分商务活动中的"广告文例""会社商店诸规则""商标版权登录愿书"等不同项目进行教学。李文权《二十世纪清语读本》专门安排不同主题的商用会话40课，同时对常用商贸词汇、句式、交际技巧等都有介绍。郑永邦《生财大道》将经济和商业常见问题区分为"物价""工价""贫富""资本""赋税""借贷""分业"等专题，进行了比较详细的阐述。

以吴启太、郑永邦《官话指南》为例，作为日本人独立编写的北京官话教材，该书分为应对须知（后改订为"酬应琐谈"）、官商吐属（涉及营商生活）、使令通话（用于交付任务事项）、官话问答（对应外交正式场合）四个部分，密集出现了经营生意、官场应酬、外交事务等多种需要特定职业技能的项目场景，实用性非常强，出版后修订再版数十次，甚至还出现了《沪语指南》《粤音指南》等方言对译版本。金国璞、平岩道知《北京官话谈论新篇》则从请中国人为日本人"答疑解惑"的角度，用一百章的篇幅，以对话的形式对中国的交通、经贸、政治、教育、风俗等多方面的情况进行了介绍。清人张廷彦在为该书作的序文中指出："善学者苟能简练揣摩触类旁通，施措于官商之际，则博雅善谈之名将不难播于海内也。"[①]

例如对从商者而言，了解经济活动中通用货币的流通情况及各国结算货币的不同之处是他们必须掌握的"职业技能"。《官话指南》与《北京官话谈论新篇》将其作为需要重点学习的项目，进行了详细介绍：

> 若是这天市上的银子多，行市就落；若是银子少行市就长。
> 赶他们买卖定规了，合多少钱一两，这钱数儿，就算今儿的行

---

① 金国璞、平岩道知：《北京官话谈论新篇》，李无未主编《日本汉语教科书汇刊（江户明治编）》，中华书局，2015，第14180页。

市。九成的钱铺，都按着这一个行市。每天买银子的卖银子的，不能一定，一天是一个行市。(《官话指南》第三卷《使令通话》第十二章)①

早先南边用的有日斯巴尼亚国的银钱，名叫本洋，那成色高一点儿，如今也不大见了，后来通行使的，都是墨西哥国的银钱，那叫鹰洋，成色比本洋略次一点儿，从先也有日本国的贸易银，也和鹰洋是一样的行使，近来又有由印度铸来的银钱，也是和鹰洋一样的行使，另外还有俄国的卢布钱，分两比鹰洋小的多，价钱也差的多，现在又有我们本国自己造的银元，价钱也和鹰洋是一样。总而言之，敝国现在是也用银子，也用外国的洋钱，也用本国自己造的银元，都可以使用就是了。(《北京官话谈论新篇》第九十六章)②

不仅在职业中文教材中，堀井友太郎服务于日本对外扩张的多语对照教材《日韩清英露五国单语会话篇》在教授五国语言知识的同时，也专门用两章的篇幅介绍了各国货币和度量衡及相关换算规则。

（三）注重"职业道德"教育，在教授中文的同时展现中国传统美德

明治时期的职业中文教材中，有一批教材专门结合相应职业特点，梳理了需要遵守的"职业道德"，特别是引导在华经商或办理公务的日本人"入乡随俗"，诚信经营、与人为善，遵从中国社会的公序良俗去做生意、办事情。

例如中西次郎《四民实用清语集》聚焦"士农工商"四种不同职

---

① 吴启泰、郑永邦：《官话指南·改订官话指南》，北京大学出版社，2018，第 118 页。
② 金国璞、平岩道知：《北京官话谈论新篇》，李无未主编《日本汉语教科书汇刊（江户明治编）》，中华书局，2015，第 14311 页。

业身份，在教授日常对话的同时，还根据上述职业身份，在对话中适时使用谦敬语，传达出中国"知礼守节"的传统美德；此外该教材还介绍了大量中国谚语、成语、俚语，其中不乏一些为人处世的智慧和准则。与之类似的是张廷彦为来华日本人编写的《中国语教科书北京风土编》《北京官话中外蒙求》《普通官话新华言集》等教材，其中既有涉及中国传统美德的谚语、俗语、歇后语等，也有一些古今中外名贤佚事及当时的热点现象，并附有作者的评判解读，意在引导读者向上向善。

在商贸专用的职业中文教材中，例如中岛锦一郎《日清商业作文及会话》、金国璞《士商丛谈便览》、足立忠八郎《北京官话日清商业会话》、御幡雅文《沪语便商》《沪语津梁·商贾问答》《燕语生意筋络》、郑永邦《生财大道》等，在教授商业知识的同时，都会涉及一些"诚信经营""保质保量""礼貌待客""买卖不成仁义在"的会话内容。

以《燕语生意筋络》为例，该书是编者御幡雅文在担任三井物产上海支店汉语教官和翻译期间，为日籍职员们编写的语录体职业中文教材。它不像同时期大多数"中文+商业技能"教材那样专注于教授迎来送往、买卖营商的话术，而是梳理了作为店铺员工（伙计或学徒），应当如何学本事、守规矩；作为店铺经营管理者（东家或掌柜），应当如何做生意，如何带徒弟，如何管理不同层级、不同水平的员工，等等，其中不乏符合中国传统美德和商业道德的内容。例如：

> 做徒弟的，不要多嘴多舌。要是众人在一块儿说话，就可以听着，别混插言儿，有的说过："紧睁眼，慢张口。"[1]
> 做买卖的人，言谈是不可少的。和人闲坐着，就是没什么可说的，也要想出几句话来谈谈。或是论交情，或是讲时令，这才算是活便。然而说话的时候，第一要谦恭和蔼，也要不离规矩，人才信

---

[1] 御幡雅文：《燕语生意筋络》，北边白血等《〈燕京妇语〉等八种》，北京大学出版社，2018，第279页。

服你是正经人。大凡说话里头，千万别诡诈刻薄，也别说人的短处，这是一定得留心的。[①]

做伙计的也要有良心，必得和东家一心一计。东家的银钱分文不可沾染，出入银钱账目更要清清楚楚的。[②]

此外，包括牧相爱《燕语启蒙》、前田清哉《中国语学校讲义录》，吴启太、郑永邦《官话指南》，吴大五郎、郑永邦《日汉英语言合璧》，金岛苔水《日清会话语言类集》，李文权《二十世纪清语读本》，北边白血《燕京妇语》等在内的中文教材，收录了不少"商业会话""买卖问答"的内容，从中也可以看出在华经商需要注意的职业操守、服务意识和行为准则等。

三 明治时期职业中文教材对当下"中文+职业技能"教材编写的启示

"以古为镜，可以知兴替"，重新审视历史经验、总结历史教训是非常有必要的，而全面回顾具有典型意义的明治时期职业中文教材，无疑能为进一步推进国别化"中文+职业技能"教材建设提供智力支撑。综观明治时期职业中文教材，我们可以梳理出国别化"中文+职业技能"教材编写的一些启示。

（一）主动借鉴，传承创新

在世界范围内，最早面向外国人教授北京官话的教材是英国公使威妥玛的《语言自迩集》，该书影响巨大，后世仿效、跟风者甚多。包括"日清社"创始人广部精在内的一批日本明治时期中文教育先驱就以

---

① 御幡雅文：《燕语生意筋络》，北边白血等《〈燕京妇语〉等八种》，北京大学出版社，2018，第285页。

② 御幡雅文：《燕语生意筋络》，北边白血等《〈燕京妇语〉等八种》，北京大学出版社，2018，第294页。

《语言自迩集》为蓝本，结合日语特征，逐步突破江户时期中文教材在内容、体例、语言意识和教学理念等方面的窠臼，模仿编写更具现代意义的职业中文教材。从广部精的《亚细亚言语集·中国官话部》，到金子弥平等人的《清语阶梯语言自迩集》，再到吴启太、郑永邦的《官话指南》，越来越多的中文教材加入了大量服务职业需求、基于特定项目而展开的语言素材，对话交际更加受到重视，语音、词汇、语法开始有机结合，教学方式也不再局限于认读翻译。此外，唐通事自编教材和黄檗宗僧俗对话作为江户唐话教材的精华，其主张的循序渐进、符合教育规律的教学模式在明治时期也得到了较好的保留和延续。

"汉字文化圈"的不同国家和地区有着各自的中文教育历史与传统，其中更是不乏日本《官话指南》等一批对后世影响深远的经典职业中文教材，这些教材在很大程度上是当时的"中文+职业技能"教育者自主探索、传承创新的成果。从早期的跟风模仿，到后来的"本土化"改编、"差异化"呈现、"职业化"导向——日本明治时期职业中文教材继承了唐通事和黄檗宗语言教学的有益经验，同时又借鉴了威妥玛趋于现代的教学意识，并融合具体职业的中文学习需求，这无疑为当下的"中文+职业技能"教育工作者提供了一种比较务实的教材编写理念——既要充分尊重当地在漫长历史过程中积累沉淀的中文学习优秀传统，又要坚持解放思想、实事求是、勇于创新，不断以更为现代、更为先进、更贴近职业需求的新理论、新标准来完善、调整、革新旧有内容，以适应社会和时代的新需求。

（二）多方发力，目标统一

明治时期，除了与唐通事、黄檗宗颇有渊源的人群继续参与职业中文教材的编写之外，日本各类官方和民间中文教学机构也纷纷推出自己的教材，例如善邻学院就出版了十五种以上的中文教科书，[①] 其中不乏

---

① 李无未等著《日本汉语教科书汇刊（江户明治编）总目提要》，中华书局，2015，第49页。

《官话急就篇》《清语独案内》等经典著作。此外，当时日本政府急于了解中国，派出了大量留学生或军事人才赴华，这些人有一定的中文基础，来到中国后一方面学习中文和中国文化，另一方面深入中国各地开展调查、收集情报，形成了一批记录反映中国军事、地理、经济、风俗等社会生活方方面面情况的中文教材。这些教材以语言学习为中心，兼顾相关职业的具体需求，注重口语、讲求实用，在教授中文知识的同时，极大地兼顾了日本对华经济、文化、军事等方面的核心关切。

以共建"一带一路"国家和地区为例，当前主要的"中文+职业技能"教材编写与使用情况各异，既有当地教育主管部门牵头编写的，也有各地孔子学院、"鲁班工坊"或中外共建的职业教育学校组织编写的，还有一些出版或培训机构自行编写的；除了这些自编教材，还有的国家和地区选择直接使用中国国内出版的"通用版"（或相应译介版）中文教材——这种"各自为政"的状态使得教材编写工作比较零散低效，很难形成合力。相关研究显示，教材本土化是影响"一带一路""鲁班工坊"持续发展的主要因素之一；[1] 非洲多个国家的"中文+职业技能"教育也存在"专用教材"短缺的问题，[2] 需要中方提供教材编写方面的技术指导。[3] 在这一点上，日本明治时期既有类似教训，也有可行经验——虽然因为缺乏统一规划，明治时期的中文教材质量也存在参差不齐的问题，但其充分发挥本国"主场优势"和"主观能动性"，举全国之力派遣人员、开展调研、讲求实效的工作模式，恰好说明了高水平的国别化"中文+职业技能"教材编写需要立足所在国家，团结一切可以团结的力量，自上而下办成大事。

---

① 陈丽萍：《高职中外合作办学助力"一带一路"的问题与路径探析》，《教育与职业》2018年第11期，第46~52页。

② 陈明昆、程媛媛、刘健：《非洲开展"中文+职业技能"实践调研及发展分析》，《中国职业技术教育》2023年第6期，第48~57页。

③ 刘亚西、陈明昆：《"一带一路"倡议下的中非职业教育合作：内涵、类型与特征》，《教育与职业》2019年第11期，第29~36页。

（三）按需定制，服务为先

明治时期，"中文+职业技能"学习者的个体差异和具体需求逐渐得到重视。当时的学习者可以按需选择对应的职业中文教材——既有区分职业不同技能的专门教材，如《北京官话日清商业会话》等教材主要教授商业场景中的"会话"技能，而《中国商业用文》等教材则更注重传授商业环境中的"写作"技能；又有立足具体生活工作环境，教授粤语、沪语、闽南话的方言教材，如《粤东俗字便蒙解》《沪语便商》《台湾会话编》；还有三种以上语言对照讲解的中外多语教材，如《日露清韩会话速成》《日韩清英露五国单语会话篇》等。

明治时期职业中文教材受当时政治、经济、文化、军事等方面的复杂现实因素的影响，其种类之多、面向人群之广、应对需求之细，即便放在当下，就面向单个国家的"中文+职业技能"教材而言，也是无出其右者——目前通行的"需求导向"中文教材一般只能照顾到学习者年龄年级（例如面向少儿或面向成人）、学习的常见目的（例如商务或旅行）、学习者中文基础（例如初级、中级、高级不同水平），而对于不同行业职业、不同性别身份等，则很少有对应的国别化专门中文教材。目前"一带一路"沿线已经建设或准备建设的"中文+职业技能"教材，有的并没有以学习者的母语为基础，[①] 而且许多教材的"语言"和"技能"模块也是相对分离的，有的教学机构则直接将"中文课"和"技能课"分开教学，偏离了"中文+职业技能"教学的本质和初衷。

四　结语

日本明治时期的职业中文教育，在江户时期唐通事、黄檗宗引领的

---

① 陈明昆、程媛媛、刘健：《非洲开展"中文+职业技能"实践调研及发展分析》，《中国职业技术教育》2023 年第 6 期，第 48~57 页。

中文教育热潮的影响下，较好地继承了聚焦职业、注重实用、融合文化的优良传统；同时在官方和民间各级各类中文教育机构的多重助力之下，一批着力培养商贸、军事、语言文化研究等专门人才的职业中文教材大量出现。这些教材区分不同职业的特点，教授与之相适应的中文表达；将"职业技能"融入中文教学，较早探索基于项目的教学模式；注重"职业道德"，在教授中文的同时展现中国传统美德。特别是，这些教材在编写中体现出主动借鉴，传承创新；多方发力，目标统一；按需定制，服务为先的先进经验，可以为当下的国别化"中文＋职业技能"教材建设提供有益借鉴。

近年来，职业教育改革发展不断向纵深推进，随着"职教20条"和新修订的职业教育法陆续出台，如何"打造具有中国特色的职业教育国际品牌"越来越引发各界关注。特别是，围绕服务"一带一路""构建人类命运共同体"重大倡议，职业教育"走出去"需求激增、成果喜人。据教育部职成司数据，我国与70多个国家和国际组织建立了职业教育领域的稳定联系，国内400余所高职院校与国外教学机构开展了合作办学，海外独立设置的第一所提供学历教育的高等职业技术学院"中国—赞比亚职业技术学院"已经成立，20个"鲁班工坊"在泰国等19个国家建立，国内职业院校开发的国际化数字教学资源，进入英国学历教育体系，获得欧洲国家承认，[①] 40多个国家和地区开设了"中文＋职业教育"特色项目，覆盖交通、经贸、旅游等多个职业领域。[②]

由此观之，进一步深化"中文＋职业技能"教育，组织编写更多反映中国文化气象、适应职业具体需求的国别化"中文＋职业技能"教材，恰逢其势，正当其时。当今世界，和平与发展已成为时代的主题，回看历史上相关国家的职业中文教育，日本明治时期无疑是非常具有研

---

① 靳晓燕：《职业教育这十年：培养数以亿计的高素质产业生力军》，《光明日报》2022年5月25日第8版。
② 孙亚慧：《职教：赋能产业 融通中外（中国教育·这十年③）》，《人民日报海外版》2022年6月13日第9期。

究价值的——由上至下空前高涨的学习热情、趋于近代化的教学理念、立足国别化特征同时体现职业需求的教材编写理念以及后期逐渐"走偏失控"的军事扩张色彩——既有经验又有教训。回望日本明治时期的职业中文教育，尤其是对其中"中文+职业技能"教材的建设情况进行分析梳理，能够帮助我们建立既兼顾国别化要求，又符合"中文+职业技能"教学规律的研究体系，真正以史为镜、知往鉴今，更好服务相关国家和地区"中文+职业技能"学习需求。

Vocational Chinese Textbooks for the Meiji Period in Japan: Overview, Characteristics, and Enlightenment

Xia Huihui

(*Hunan Vocational College of Art*, *College of Liberal Arts*,
Hunan Normal University, *Changsha*, *Hunan*, 410081)

Abstract: Japan's vocational Chinese education has a long and unique history. Especially during the Meiji period (1868–1912), which marked the beginning of its modernization, vocational Chinese education received high attention. Based on the advanced experience of the previous generation (Edo period), the compilation of relevant "Chinese+vocational skills" textbooks reached an unprecedented climax. Focusing on a series of classic works that have had a profound impact and reflect the characteristics of different professions during this period, it can be found that these textbooks distinguish the characteristics of different professions and teach corresponding Chinese expressions; integrating "vocational skills" into Chinese language teaching and exploring project-based teaching models earlier; emphasizing the education of "professional ethics" and showcasing traditional Chinese virtues while teaching Chinese. Moreover, the writing philosophy of these vocational Chinese textbooks also provides useful insights for the current construction of localized "Chinese+vocational skills" textbooks.

Keywords: Vocational Chinese Textbooks; Research on Historical Experience; Meiji Period in Japan

国际中文教育语境下师生交往的伦理困境探究[*]

范红娟[**]

摘　要　本研究主要以"伦理边界"为概念框架，透过一个具体案例分析了国际中文教师在处理师生关系时可能遇到的伦理困境。国际中文教育处在跨文化语境之中，教学伦理关系复杂，以学生教师、新手教师为主的国际中文教师又普遍缺乏处理师生关系的经验，很容易在师生交往中产生矛盾、困惑，甚至陷入伦理困境。本研究强调，深入研究国际中文教师所面临的伦理困境，对于优化师资培训课程、完善教师标准、提升教师群体的专业化水平具有重要意义。此外，本研究通过案例驱动的知识建构过程，展示了在现有知识体系无法充分指导实践问题时，如何通过跨学科概念的应用，加深对跨文化师生关系的理解，丰富对国际中文教育作为一门交叉学科的内涵的认识。

关键词　国际中文教育；师生交往；伦理边界；伦理困境

---

* 本文为 2021 年国际中文教育研究课题"国际中文教育学生教师'知行合一'过程研究"（项目批准号 21YH48H）的阶段性研究成果。
** 范红娟，重庆大学外国语学院讲师，北京外国语大学在读博士生，主要研究方向为国际中文教育、语言政策。

一 引言

国际中文教育作为交叉学科的定位已经逐渐取得了学界的认同。学科目录中，其对应的本科和硕士学位（本科阶段专业名仍为"汉语国际教育"，硕士阶段专业名为"国际中文教育硕士"）分别归属于中国语言文学与教育学两个不同的一级学科，实际上已经凸显了其作为交叉学科的特色。出于历史渊源等原因，国际中文教育与中文的关联显而易见，但与其他邻近学科有关的内涵仍然有待发掘，这里面甚至包括国际中文教育硕士的上位学科——教育学：均不见，国际中文教育硕士学位点，或置于中文院系，或置于外语院系，却少见置于教育学院系的。我们恐怕不得不承认：由于学科太新，对于学科内涵就连很多内行也还停留在"盲人摸象"的阶段（吴应辉，2016）。我们认为，在今后相当长的一个时期内，探索、挖掘国际中文教育的交叉学科内涵，强化内涵建设，都将会是国际中文教育学界重要的努力方向。

在国际中文教育领域，已经明显地呈现出两个研究系统，一个是语言教学，另一个是师资培养（赵金铭，2020）。教师作为"三教"问题的核心，师资培养的问题再怎么强调都不为过。但现实情况是，相较于语言教学研究系统（语言本体、习得、教材、教法等方面）的大量产出，教师培养方面的研究却十分薄弱，这突出地表现在国际中文教师标准的研制上：教师标准本应引领师资培养工作，但受限于理论发展、实践认识的滞后，《国际汉语教师标准》2012 年修订之后仍显粗疏，对一些具体标准的处理有大而化之之嫌，表述不够清晰，比如说标准 5 "职业道德与专业发展"，相关标准的内涵和特点是什么？在实践中有什么表现？如果搞不清楚，那么这方面的要求就只能流为原则，难以结合培养、评估、认证等具体实践。也正因如此，最近两年围绕国际中文教师标准的研究已经成为一个新热点。对学科内涵及教师标准的研究，有很多可取的路径：或可以从教育学、心理学、传播学等相关学科吸收养分；或可以对比借鉴其他国家、其他语种的做法，然而更重要、更直接的，或许是循问题驱动的路径，从国际中文教育实践出发，反思目前理论建构的不尽完善之处。

本文即是一个问题驱动的研究：笔者在整理、分析国际中文教育案例的过程中，经常碰到一些用现有理论难以解释的问题。案例分析要提升解释力，超越特殊知识，进而与一般性知识产生联系（张静，2018），就必须透过表面的技术层面，深入思索案例背后的深层次问题，比如案例本身所蕴含的教学伦理价值（余保华、杨晶，2017）。而要达此目的，除阅读国内外第二语言教育文献外，往往需要去其他相关学科汲取养分。在探索案例特殊知识与一般性知识关联的过程中，笔者对国际中文教育学科内涵之边界的认知被不断重塑。本文通过一个典型案例，以师生关系为切入点，借鉴最初从社会学引入的"伦理边界"概念框架，展示实践驱动下的学科内涵探索过程。

二 师生交往中的"伦理边界"

师生之间应该是一种怎样的关系，不同的时代、不同的文化会有不同的认识。从历时角度看，比如尽管中国自古以来教师权威都比较高，但是发展到现在，受各种教育思潮的影响，师生关系也越来越往民主、平等的方向发展；从共时层面看，师生关系在不同国家、民族表现出不同的特点，比如与很多欧美国家相比，中国教师的权威性明显高出很多，而与同为亚洲国家的韩国、泰国等相比，中国的师生关系又显然民主了很多。然而，即使对现代教育思潮、本国及所在国教育传统有一定了解，很多国际中文教师仍然报告了自己在处理师生关系中的矛盾与困惑（倪树干、亓华，2012；雷彤，2019）。为分析这些矛盾、困惑，我们将引入源自社会学的"伦理边界"概念，作为本文的分析框架。

（一）什么是"伦理边界"

教师在处理师生关系时产生角色冲突往往与没有把握好师生交往的"度"有关，也就是说没有把握好师生交往的界线，与此相关，西方社会学界又有"伦理边界"研究。简而言之,"伦理边界"就是人际交往中恰当的行为和不恰当的行为之间的界线。Reamer(2003)探索了在社会工作中的"边界"问题,认为当社会工作者(如医生、社区组织者、教育者等)面临双重或者多重关系的利益冲突时,就会出现"边界"问题。具体到师生关系上,比如,如果一个老师和学生之间的关系超出了教学关系的范畴,寻求更亲密的私人关系,那么"边界"问题就会凸显出来。当然这个"边界"也和教师的自我认知、定位、动机、信念等有关(Aultman et al.,2009)。

由于师生交往的边界不好把握,有时教师会陷入一种进退两难的处境,即师生交往的"伦理困境"。伦理困境是指关涉自身的两种或两种以上的选择之间进退两难的处境(Shapira-Lishchinsky,2011)。比如,"教师既要保持传统社会所高度称赞的权威性,又要适应教学方式朝向'学生中心'的变革,因而产生了教师既要与学生保持距离,又要维持一定程度亲密关系的挣扎处境"(陶丽、李子健,2016)。

(二)"伦理边界"的分类

学者们(Reamer,2003;Aultman et al.,2009;Barrett et al.,2006;Shapira-Lishchinsky,2011;Moorehead-Slaughter,2007)分别从不同的角度研究了"伦理边界""伦理困境"的问题,但是不同的研究往往归纳出的范畴不同,所用的术语也不尽一致。为避免混乱,本文将采用Aultman et al.(2009)的方法归类并对其进行重点介绍,用于后面的案例分析。Aultman et al.(2009)是我们见到的较早在教育学领域探讨师生关系伦理边界的研究,通过对美国13位老师的深度访谈,归结出了师生交往中可能出现的11类伦理边界。(1)交流边界。交流边界的核心就是"自我披露"(self-disclosure),涉及的主要是私人信息的分享,教师在一定程度上和学生分享私人信息可以使自己显得更真实,但是有时却可能给师生双方带来困扰。(2)文化边界。来自不同文化背景的师生分享与自己文化背景有关的信息有时会对文化理解有帮助。(3)情绪边界。情绪控制是师生互动中的一个惯常的主题,有些负面情绪需要克制，甚至掩盖；但是情绪分享本身不是问题，分享的"度"才是一个问题。（4）私人边界。私人边界涉及的是教师对学生是否过度投入（too involved）的问题，凸显了在个人生活和职业生活之间划出分界线的要求。如果没有这个边界，教师常会精疲力竭，并忽视生活的其他方面。（5）关系边界。老师和学生之间的亲密关系在探讨"边界"问题时尤其受到关注。师生恋被视为严重的越界，但是除此之外，也还有很多其他的问题。比如老师对学生应该友好，但这并不一定意味着要和学生做朋友。（6）时间边界。花在一个学生身上的时间过多可能会减少对全班的时间投入。（7）制度边界。不同的学校可能会有不同的纪律、制度，比如有学校规定教师不能载学生回家，不能要求学生做一些特定宗教才会做的事情等。（8）金钱边界。一般认为，教师不应和学生产生任何经济上的往来，无论是课上还是课下，无论是不是出于教学目的。（9）课程边界。比如课堂话题、节奏等能在多大程度上交由学生控制等。（10）知识边界。有时教师缺乏解决师生关系问题必备的一些知识，出现问题不知道该向谁求助。（11）权力边界。比如教师利用职权损害学生利益；利用学生的信息、服务来使教师获益；根据亲疏远近决定奖惩；等等。新手教师若能有一个"伦理边界"的概念框架，无疑对他们以后更好地管理角色冲突、更快地过渡成为职业性教师大有益处（Reamer，2003）。

三　汉语国际教师伦理困境案例分析

我们将使用上文提到的概念框架，通过分析一个具体的案例，管窥国际中文教师在跨文化环境下可能面临的伦理困境。

小Z是一位在智利某孔子课堂任教的学生教师志愿者，在任教的第一学期，在处理师生关系上遇到了不少困惑。由于其提供的案例关注点主要在"师生关系"，我们一开始就查阅了中文文献里的很多相关论述，但综观围绕"师生关系"进行的研究，大多着眼于课堂之内，探讨谁为主导、谁为主体之类的抽象问题；而小Z遇到的困境多发生于课堂之外，是具体情境中的师生课外交往。在国内语境中，师生课外交往大多纳入"职业道德""师德"之类的范畴，结合国际中文教师的培养需求，我们也参考了《国际汉语教师标准》、国际中文教师志愿者招募通知、国际中文教育硕士专业学位培养方案等文件，但是这些文件相关方面同样多为原则性的陈述，注重高标引领，用以分析小 Z 在实践中遇到的困境就显得捉襟见肘，如同唱高调而缺少实际参考价值。我们直觉上认为该案例具备继续深挖的价值，在阅读了大量文献之后，我们发现，该案例集中反映的正是社会学、心理学、新闻学等学科共同关注的"伦理边界"问题在教育实践中的投射。Aultman et al. （2009）已经尝试将其引入教育语境用来分析师生交往问题，我们认为该概念框架与小Z 所述问题相当契合。此外，教育学中的"角色"以及相应的"角色期望"概念等对于我们阐述师生交往的跨文化差异也很有帮助，于是对该案例的分析视角就变为：不同的文化、社会对师生的角色期望有异，跨文化语境下师生交往的伦理边界不易把握，学生教师志愿者小 Z 在与学生的课外交往中，陷入了重重伦理困境。案例篇幅较长，我们将按时间顺序划分为几个冲突点。

（一）与私人边界有关的伦理困境

高中二年级学生要参加 HSK2 级考试，希望我帮他们备考，为此我花了大量的时间，除帮他们获取考试资料及信息、向学校申请考试费用外，还在他们的要求下陪同他们去银行汇款交报名费；之后，他们还另外要求我在课下找时间给他们上辅导课，尽管我每周都有 20 节课，课下还要学西班牙语，累到瘫痪，对此心有抵触，可是本着志愿者的服务精神，我还是每周抽出了三个小时在考前的一个月为他们开设了补习课。考试当天是周六，学生希望我去陪考，我还是没好意思拒绝。

小 Z 老师对学生有求必应，带来的结果是体力、精神上都相当疲惫，并且产生一定的抵触情绪。这一部分的案例引发我们思考：应该如何平衡自己的工作与业余时间？面对学生不断的需求，教师应在多大程度上满足？

这里凸显的正是"私人边界"的问题。但是边界往往具有模糊性，边界的位置往往受到教师个体因素、文化因素的影响。说得具体些，由于精力、经验、性格等存在差异，不同的教师对师生关系抱有不同的期待。有些教师更愿意与学生有课外的接触，另外一些则更希望与学生之间保持职业的关系。前一类教师精力充沛、随时准备帮助学生，对这种情况我们当然十分乐见：尽管课外的很多帮助尤其是无关学业的，并非老师的义务，但毕竟助人为乐在各种文化中都是一种优秀品德。但是对于希望保留自己的休息时间，希望把师生关系维持在学业、课堂层面的教师来说，把自己的工作上的事情做好，在充分衡量自己的精力与体力后，适度拒绝学生课业之外的要求，也无可厚非。如果明明觉得为难，却仍然勉强自己，这样透支自己的体力、精力以及情绪后，除了影响教师生活，也很可能会影响到正常工作，甚至产生职业倦怠。这方面，不同国家的教育文化可能差异甚大，海外教师应该根据当地实际情况处理具体的问题。比如在美国、澳大利亚等地的学校，教师为了工作牺牲个人休息时间反而不被鼓励（朱勇，2018）。在这方面保持文化敏感性，积极观察本土老师怎么做，多问多学，可以说是一种捷径。

（二）与交流边界有关的伦理困境

C是一个高二女生，一开始就主动要了我的联系方式，之后就时不时地传简讯给我，虽然内容大都是一些日常问候，但我仍觉不妥，要么拖很久才回，要么干脆直接不回。直到有一次，她发信息对我说了很多关于家庭的不幸遭遇，还说让我带她去中国再也不回智利了，我才发现事情的严重性。对于一些较为私人的话题，我是倾向于避而不谈的，我只好回复她如果要去中国就把汉语学好，结束了这次尴尬的聊天。后面她又告诉我如果我需要（解决）任何日常生活以及语言交流等方面的问题都可以找她，我当时觉得师生的关系也许还能近一点。

 这里小 Z 老师面临的困境主要是由于"交流边界"的模糊性带来的。老师和学生之间能在多大程度上交流私人信息？这个问题让很多老师感到困惑。一定程度的交流可以使师生双方显得更真实、拉近师生距离、营造轻松的学习氛围，但是若多了可能会带来很大的困扰：教师对学生披露太多私人信息，可能会影响教师对课堂的控制，更甚有可能会陷于流言纷扰；而教师了解学生太多私人信息，可能会影响教师对全体学生注意力的分配，导致评分过程中的主观性，等等。当然，不同的老师对待学生甚至同一位老师对待不同的学生，交流边界所在的位置可能是不一样的。

 小 Z 老师对私人话题倾向于"避而不谈"，说明在这方面非常有边界意识，但是其中或许仍然存在认识的偏差。首先，我们前面提到，不同的文化对教师与学生的社会角色期望有所偏差，在美、澳这样教师专业化程度比较高的国家，师生之间倾向于维持一种专业的关系，尽量回避与教学无关的私人话题；但是在有些国家，比如巴西、智利等南美国家，师生之间交流私人话题等，是当地教育伦理关系的常态。如果教师完全不回应学生提出的私人话题，就可能显得不近人情，进而影响师生关系，以及教与学的顺利进行，这肯定不是小 Z 老师的本意。其次，即便是在教师专业化程度很高的国家，教师和学生的交往有时也无法完全回避私人话题，教师在与学生交往时，总是负有道德责任，如果教师对学生私人事务的介入能够有利于学生的成长，教师很难对学生的需求视而不见，有些时候，边界的跨越也能产生建设性的效果。我们可以感受到，案例中的这名女生 C，在私人生活中可能正处于困境之中，希望借由与小 Z 老师的交往，获取一些精神上或其他方面的支持。当然，小 Z 老师的谨慎也是很有道理的，对私人事务了解过多，很有可能会影响教师的专业判断，比如能否在之后的考试评分中保持客观、公正；而且对私人事务介入不当，很有可能会导致教师陷入更大的困境。

（三）与权力边界、关系边界有关的伦理困境

　　因为暑假期间忙着办合同公证和延签手续而苦于联系不上校方负责人和同事，无奈之下我找到了学生 C，问她星期一有没有空，可能的话，帮我去教育局、公证处和移民局翻译说明。C 回复说她有一点忙，估计不能同行。第二天，C 传简讯给我问我手续办得怎么样，我也只是简单寒暄了几句，并将公证处的录音发给了她，本想让她帮我再听听内容。然后她问我什么时候去办手续，我说是星期一上午。我并没有再次询问她可否陪同，她却误解了我的意思，并回复了我一句"Yo no puedo.（我去不了。）"接着便终止了聊天。出乎意料的是，当晚她妈妈用 C 的手机发了条怒火中烧的语音给我，大致内容是说她非常不喜欢我这么要求她女儿陪我处理私事，她觉得我和她女儿私下聊天并商量着独处的行为严重影响到他们一家了，不希望再发生第二次。

　　学生母亲的指责让小 Z 老师非常烦恼，小 Z 老师在想是母亲误会了呢还是学生没有解释清楚呢？这里小 Z 老师可能陷入了细节的迷思，比如自己没有"纠缠强制"，学生母亲是不是把"请求"当成"要求"了……实际上这些都不是问题关键，孩子母亲生气的原因实际上她也表达得很清楚了：请学生帮自己陪同处理私事；商量着独处。说到底，"请求"实际上也是一种"要求"，老师也确实表达过希望学生陪同的意愿，而且不管老师主观想法如何，这样做确实会制造"独处"的机会。这里涉及比较明显的两种边界：关系边界和权力边界。第一，关系边界——师生之间，尤其是异性师生之间的亲密关系受到各方关注，师生发展浪漫关系被视为严重的越界，甚至涉嫌违法犯罪。第二，权力边界——教师掌握着给学生打分、评级的权力，学生是相对弱势的一方，教师如果利用学生提供的信息、服务使自己受益，就很有可能碰触到了权力边界；除此之外，教师利用职权损害学生利益、纵容学生打破学校规则、根据个人好恶来决定奖惩等，都是讨论"权力边界"时经常会

出现的话题。案例中的 C 是个高中女生，这就让事情变得更为敏感，在误解教师意图的情况下，女孩的母亲在这件事上反应过度也是可以理解的。

（四）与角色期望、关系边界、文化边界有关的伦理困境

　　根据我的观察，我所任职学校的师生关系并非像我一开始想的那样严苛，我刚来的时候就看到一名男老师放学后可以私下带着几名女学生去海滩边闲逛，就跟朋友一样；甚至有的老师还向学生借闲置手机等私人物品用上一段时间。种种现象给我带来了不少的困惑，我意识里师生间是应该保持相当一段距离的。既然事实如此，我就想按照中国的师生观来处理问题就万无一失了。可是这件事之后，我对师生间的相处更加敏感了，我本想把 C 从我的联系人清单中删除，以避免对其家人产生困扰，但是我转念一想，又没有做什么见不得人的事，留着聊天记录没准儿能保我清白呢。

　　学生向老师寻求帮助，自然是无比正常。那反过来老师向学生求助呢？特别是向未成年学生求助呢？这个问题就不是那么正常了。这里就涉及对一个角色的社会期望的问题。老师作为一种社会角色，整个社会对老师的期望是爱护、帮助、教育学生；学生尊重、依赖老师，时时求助于老师。老师是关爱给予者，学生是接受者。而如果老师成为求助者，学生成为施惠者，这就不是常态了，有违社会对教师的角色期望。尽管现代教育思潮要求老师降低自己的权威，要求老师尊重学生、平等看待学生，但是实际上老师和学生之间由于身份的不同，基本不可能做到完全平等。就算老师和学生之间权力距离再小，也绝对不可能达到学生与学生之间的这种平等，老师和学生之间互相帮忙也绝对不可能同学生和学生之间互相帮忙是一种性质。社会期待老师对学生亲切、和蔼，但从这类词汇本身看，仍然是用来形容长者、为上位者对后辈、在下位者的态度。

　　这一部分案例也体现了小 Z 老师对"关系边界"问题的思考，充

分展现出了跨文化语境下边界问题的复杂性，跨文化因素给交际双方带来的隔阂，也即"文化边界"。"关系边界"是新手教师最难把握的边界之一，很多新手教师一开始都热衷于跟学生发展私人关系，希望跟学生做朋友，甚至将"朋友型"师生关系作为自己追求的目标，认为私人关系的维系有利于开展课堂教学，但是结果很有可能事与愿违——与学生私人交情的发展反而带来了课堂管理的困难；随着教学经验的增加，很多教师都减少了与学生的私人交往（刘弘，2015；贺莉娇，2018）。

小 Z 老师在这方面表现得与很多新手教师不同，对于学生私人话题的交流、师生私下交往都非常谨慎，这说明他对师生关系有一定程度的认识。但是，跟前文说的一样，师生关系具有鲜明的国别化特征，不同国家的文化、传统不同，教育中伦理关系的特点也就不同，很难找到放之四海而皆准的具体行为规范，小 Z 老师对师生关系的认识并不符合智利教育伦理关系的特点。目前学界的跨文化研究大多将对比的眼光放在美、欧等西方发达国家，对其他地区的了解非常有限；而且往往泛泛而谈，使用大的区域概念，比如同是西方国家，南美和北美的师生关系特点差别是非常大的，绝非西方国家或者美洲国家这样的说法所能概括的：美国、澳大利亚、新西兰这些国家教师的专业化程度非常高，教师与学生及其家长发展友情常违反教师伦理规范，而在巴西、智利这些国家，教师与学生的私下交往是非常普遍的。我们推断，小 Z 老师对西方某些国家的师生关系有所了解，但是对师生关系的国别化特征缺乏足够的认知，导致产生了错误的类推，在几种不同的文化边界之间磕磕绊绊，陷入伦理困境。

我们常说，保持文化敏感性，积极观察本地人怎么做，是规避、解决跨文化冲突的捷径。从叙述中可见，小 Z 老师的观察能力是很强的，刚到就发现，该国的师生关系跟他预想的不一样，有本土男教师的"示范"，再加上 C 表示自己可以帮忙，小 Z 老师一度认为"师生的关系也许还能近一点"，没想到却给自己带来了麻烦，陷入了伦理困境；但是通过小 Z 老师的叙述，我们可以发现案例中提到的本土男教师与小 Z 老师的情况有一个很大的差别——这位本土教师是带着"几名"女学生去海边闲逛，而小 Z 老师引发质疑的却是"与学生独处"。

这件事让小 Z 老师非常困惑，变得非常敏感，决定退回到中国的师生观。鉴于中国的师生距离介于小 Z 之前预设的师生关系与现实中的师生关系之间，在这种情况下，取中未必不是一种明智的选择；而且作为国际中文教师，根本任务在于推介中国语言文化，其中自然也应包含中国的教育文化——在充分了解本土伦理关系的基础上，预见到可能有的差异及冲突，主动在课堂上引入相关话题，言传身教，展现中国教育文化积极、优秀的一面，也是国际中文教育的应有之义。

四 讨论

目前国内对师生关系的实证研究，大多采用问卷，调查教师或者学生对师生关系的看法，研究基本上都肯定了师生课下交往的益处，认为目前教师与学生的课外交往不足，因而提倡教师应该加大对学生课外的投入；然而投入不足，只是硬币的一个方面，过犹不及，过度投入同样会带来很多问题，甚至会导致教师陷入伦理困境。"过度投入"正是伦理边界研究探讨的核心问题，目前我国教育学界对此还基本没有涉及。

这种研究现状或许在一定程度上反映了我国师生关系的伦理特点，即对教师的角色期待很高，强调奉献，教师当如红烛、似园丁，对学生付出颇有多多益善的意味；但是跨文化语境下，教育伦理关系差别很大，不同文化对善的教学行为的认定也不一致，有时教师过度投入（比如课外与学生及其家长发展私人关系、给某名学生私下提供过多帮助、借钱给学生、带病工作等）甚至可能有违教师伦理规范，招致批评或非议。国际中文教师中中学生教师、新手教师占多数，他们普遍缺乏处理师生关系的经验，很不容易把握好师生交往的伦理边界位置，跨越边界，走入困境——因而在国际中文教育领域研究边界问题，具有重大的现实意义——国际中文教师如能提前预知在师生交往中可能遇到的伦理边界，无疑对他们尽快适应角色，尽快成长为职业型教师大有益处。

师生在课堂之外的交往是不可避免的，尤其是社交软件（如微信、

Meta、WhatsApp 等）对个人生活以及日常工作的渗透，使得师生交往突破了原先物理空间的限制，师生的私下交往往往从添加好友的那一刻就开始了，在数字化转型的大背景下，这个问题更加突出。如何将师生交往保持在健康、合理、有益的度上，是每一位国际中文教师必须要思考的问题。

我们认为，国际中文教师不管身处何种文化，与学生交往都应围绕师生关系的根本依据——教与学来展开，以利于学生的学业、身心发展为目标。在与学生交往的过程中，心存"边界"，发扬"民主"风格，积极追求与学生进行权力共享，尊重、关心、爱护学生——但这并不意味着要与学生发展"朋友型"关系："民主"暗含的实际上是权力的让渡，绝非交际双方权力上的平等，平等只能体现在人格意义上；与此相关，在师生交往中，由于双方角色、任务不同，教师对学生负有道德及伦理的责任，反之是不成立的。

国际中文教师的主要任务是推广中国语言文化，在教育语境中应当对学生和文化的多样性有所警觉（耿淑梅，2009），主动了解、尊重、适应当地文化，而非一味"入乡随俗"；万一发生冲突，要保持真诚沟通，利用冲突展开创造性的对话，消除文化误解。牢记自己的使命，根植于中华文化，避免被跨文化之风吹离地面，做一名真正的中国文化传播者、中外文化交流使者。

五 结语

本研究采用"伦理边界""角色期望"等概念框架，透过一个具体案例分析了国际中文教师在处理师生关系时可能遇到的伦理困境。由于学界相关实践研究的不足，国际中文教育专业的学位教育以及外派汉语教师的相关培训中也就无法设置相应的课程内容。以新手教师为主的庞大国际中文教师队伍由于相对缺乏处理师生关系的经验，在没有明确指导的情况下，常常不能合理把握师生交往的"度"：在课外对学生投入过多、与学生产生多方面的大量接触，使得陷入伦理困境的可能性大大增加。如果学生还未成年，那么这个问题就变得尤其敏感。

我们认为，深入研究国际中文教师所面临的伦理困境、具体分析教师行为及可能产生的后果，对于优化相关师资培训课程、完善国际中文教师标准，进而提升国际中文教师群体的专业化水平具有重要的意义。首先，深入分析国际中文教师在师生交往中的伦理选择和行为后果，能够为教师培训课程提供实际案例和教学点，帮助教师提前识别潜在的伦理问题，并掌握有效的应对策略。这种以问题为导向的教学方法能够增强培训的互动性和实践性，使教师在面对真实或类似的伦理困境时，能够更加自信和妥当地处理。其次，将伦理困境研究的发现纳入教师标准的修订过程中，能够确保标准更加全面地反映教师职业行为的伦理维度。通过明确界定教师的伦理责任和行为准则，可以为教师的专业发展和职业生涯规划提供清晰的方向和期望。

此外，本文还例示了案例驱动下的知识建构过程，通过吸收相关学科的养分——将社会学、新闻学、心理学等学科共同关注的"伦理边界"概念引入国际中文教育领域，深化了我们对跨文化师生关系的认识，凸显了教师伦理在国际中文教育中的价值。这不仅丰富了我们对这一交叉学科内涵的理解，而且为之后修订学位培养方案、完善教师标准提供了参考，进而服务于国际中文教师的培养、认证、评估等工作。作为交叉学科，国际中文教育存在大量结构不良的领域，对这些领域的研究，案例作为对实践中经验、教训的描述、总结，具有极强的针对性和实用性，可以并且应当成为理论建构的起点和依据；但是案例知识若要超越其特殊性，追求更广泛地应用，就必须要超越表面的技术层，与其他案例以及已知的一般性知识建立联系，在这个过程中，其他学科的智慧值得我们大力借鉴。

参考文献：

[1] 董泽芳. 论教师的角色冲突与调适 [J]. 湖北社会科学，2010，(1)：167-171.

[2] 丛立新. 平等与主导：师生关系的两个视角 [J]. 教育学报，2005，(1)：27-31.

［3］樊小雪，王安全．教师角色冲突的文化成因及调试［J］.当代教育科学，2014，（24）：47-49.

［4］耿淑梅．多元文化背景下对外汉语教师的角色定位——以北京语言大学为例［J］.中国大学教学，2009，（7），42-44.

［5］贺莉娇．孔子学院汉语教师志愿者与学生的师生关系调查——以匈牙利赛格德大学孔子学院为例［D］.上海外国语大学硕士学位论文，2018.

［6］胡尔钢．角色理论与师生关系初探［J］.教育理论与实践，1987，（6）：36-39.

［7］孔子学院总部/国家汉办．国际汉语教师标准［M］.北京：外语教学与研究出版社，2015.

［8］雷彤．赴马来西亚汉语教师志愿者跨文化适应调查研究［D］.北京外国语大学硕士学位论文，2019.

［9］刘弘．对外汉语初任教师实践能力发展影响因素研究［M］.北京：世界图书出版公司，2015.

［10］刘静.20世纪90年代以来我国师生关系研究述评［J］.教育探索，2003，（07）：52-54.

［11］倪树干，亓华．赴澳国际中文教师志愿者跨文化适应研究［J］.国际汉语教育，2012，（1）：71-81.

［12］邵晓枫．十年来我国师生关系观述评［J］.教育学报，2007，（5）：13-19.

［13］陶丽、李子健．国外师生关系研究进展探析［J］.比较教育研究，2016，（3）：61-68.

［14］吴为善、严慧仙．跨文化交际概论［M］.北京：商务印书馆，2009.

［15］吴应辉．汉语国际教育面临的若干理论与实践问题［J］.云南师范大学学报（哲学社会科学版），2016，48（1）：38-46.

［16］余保华、杨晶．教师专业化视野下案例教学的伦理尺度［J］.高等教育研究，2017，38（3）：72-77.

［17］张静．案例分析的目标：从故事到知识［J］.中国社会科学，2018，（8）：126-142+207.

［18］赵金铭．汉语国际教育的两个研究系统——语言教学与师资培养［J］.国际汉语教育（中英文），2020，5（1）：3-9.

［19］朱勇主编．跨文化交际案例与分析［M］.北京：高等教育出版社，2018.

［20］Aultman L P., et al. Boundary Dilemmas in Teacher-student Relationships：Struggling with 'the Line' [J]. *Teaching and teacher education*, 2009, 25 (5): 636-646.

[21] Barrett D E. , et al. Teachers' Perceptions of the Frequency and Seriousness of Viola-
tions of Ethical Standards [J]. *The Journal of psychology*, 2006, 140 (5): 421-
433.

[22] Moorehead-Slaughter O. Multiple Relationships and Boundaries: Cultural Considera-
tion [J]. *Professional Psychology: Research and Practice*, 2007, 38 (4): 408-
409.

[23] Reamer F G. Boundary Issues in Social Work: Managing Dual Relationships [J]. *So-
cial Work*, 2003, 48 (1): 121-133.

[24] Shapira-Lishchinsky O. Teachers' critical incidents: Ethical dilemmas in teaching
practice [J]. *Teaching and teacher education*, 2011, 27 (3): 648-656.

Exploring Ethical Dilemmas in Teacher-Student Interactions within the Context of Teaching Chinese to Speakers of Other Languages

Fan Hongjuan

(1. *School of Foreign Languages and Cultures, Chongqing University*

2. *School of Chinese Language and Literature, Beijing Foreign Studies University*)

Abstract: This study primarily uses the conceptual framework of "ethi-
cal boundaries" to analyze the ethical dilemmas that TCSOL teachers might
encounter in managing teacher-student relationships through a specific case
study. TCSOL operates within a cross-cultural context where teaching ethics
are complex. TCSOL teachers, often either student teachers or novice in-
structors, generally lack experience in handling teacher-student relation-
ships, which can easily lead to contradictions, confusion, and even ethical
dilemmas. This research emphasizes the significance of delving into the ethi-
cal dilemmas faced by TCSOL teachers for optimizing teacher training pro-

grams, refining teaching standards, and enhancing the professional level of the teaching community. Furthermore, this study demonstrates a case-driven knowledge construction process, showcasing how interdisciplinary conceptual applications can enhance our understanding of cross-cultural teacher-student dynamics and enrich our perception of the interdisciplinary essence of TCSOL when the current knowledge base falls short in practical scenarios.

Keywords: TCSOL; Teacher-Student Interaction; Ethical Boundaries; Ethical Dilemma

《全美中小学中文学习目标》评介 [*]

冯军伟 ^{**}

摘　要　最新版的《全美中小学中文学习目标》是美国中小学本土化中文教学的纲领性文件，也是制定美国中小学本土化中文教学大纲的指导性文件，其内容框架可以概括为"5+3+10"，其中，"5"代表的是 5C 的内容指标；"3"代表的是三级中文学习进度指标；"10"代表的是十大中文学习场景样例。与国际中文水平等级通用标准《国际中文教育中文水平等级标准》相比，《全美中小学中文学习目标》的突出特点有四个：一是重视语言表现，是一种输出型应用导向的标准；二是按照学段而非按照中文水平来划分等级；三是采用样例式的而非描写式的中文水平等级描写体系；四是缺乏基于不同认知层次的典型学习场景的设计。

关键词　《全美中小学中文学习目标》；《国际中文教育中文水平等级标准》；美国中小学

* 基金项目：本文系 2022 年国际中文教育研究课题重点项目"《国际中文教育中文水平等级标准》与《面向世界的语言学习标准》相结合的美国中文教学课程标准与评价研究"（项目编号：22YH15B）的研究成果。
** 冯军伟，河北大学文学院语言学及应用语言学专业教授，博士生导师，主要研究方向为国际中文教育和汉语语法研究。

一 引言

近年来，越来越多的中小学开始开设中文课程，海外汉语学习者越来越低龄化。据李宇明（2018：291）统计，低龄化的平均水平可能已达50%，一些国家达到或超过60%，且仍呈快速发展的趋势。在美国等国家，汉语教学从大学迅速向中小学延伸，K-12成为汉语教学最重要的"增长极"（柴如瑾、王忠耀，2017；李宇明，2018）。近二十年以来，孔子学院和孔子课堂的迅猛发展使得中小学中文教学所占的比重越来越高。为此，美国中小学中文联合会（CLASS）联合美国外语教学委员会（ACTFL）共同制定了《全美中小学中文学习目标》以用于指导全美中小学中文教学工作。最新版的《全美中小学中文学习目标》作为美国外语教育标准《面向世界的语言学习标准》九种具体的下位语言学习标准之一于2015年出版。

关于早期版本的《全美中小学中文学习目标》（1999年版），罗青松（2006：132）在评价美国《21世纪外语学习标准》（以下简称《标准》）时做了简短的评述，她重点分析了外语学习的"5C"标准及其主要内容，指出《全美中小学中文学习目标》基于《标准》的总体框架和理念构建了中文教学的各项目标和标准，并根据中文的特点进行了具体项目的设计。陈志敏（2010）对美国中小学《中文课程标准》进行了简单的介绍，并对我国中小学英语教学现状进行了反思。已有研究大多关注《全美中小学中文学习目标》的早期版本且相关介绍较为概括和笼统。早期版本的《全美中小学中文学习目标》参照标准为早期的《21世纪外语学习标准》。2015年美国教育部发布了《21世纪外语学习标准》的升级版《面向世界的语言学习标准》，并同时发布了最新的《全美中小学中文学习目标》版本。因此，我们认为，有必要结合《面向世界的语言学习标准》对最新版的《全美中小学中文学习目标》的主要内容及其在中文教学方面的具体应用展开讨论，并在与《国际中文教育中文水平等级标准》进行对比的基础上概括《全美中小学中文学习目标》的本土特色，以期有助于《国际中文教育中文水平等级标准》与《全美中小学中文学习目标》的对接与融合，促进《国际中文教育中文水平等级标准》在美国本土中小学汉语教学中的应用与落地。

二 《全美中小学中文学习目标》的产生背景及价值

（一）《全美中小学中文学习目标》的产生背景

《面向世界的语言学习标准》由美国教育部和全美人文科学基金会联合发起，是由十七家外语教育联合会共同制定的外语教育标准，是美国国家层面关于外语教育课程的统一标准（general standard），各州或各市的外语学习标准或外语教学大纲都是在此标准的指导下制定的。《全美中小学中文学习目标》是在《面向世界的语言学习标准》的基础上制定的面向中文的具体语言学习标准（Chinese-specific standard）。《面向世界的语言学习标准》是上位标准，《全美中小学中文学习目标》是下位标准，二者相加的模式是典型的"通用标准+某一语言标准"（general standard+one language）的模式，是美国中小学中文学习的规范性标准。

《全美中小学中文学习目标》全面贯彻了《面向世界的语言学习标准》的语言教育理念，即为了让美国学生具备在美国多元社会内部以及美国国外成功进行语言和文化交流的能力，其目标是让所有学生具备并保持英语和至少一门其他语言的熟练交际能力。而《全美中小学中文学习目标》的制定就是为了让学生获得并保持同时运用英语和中文进行语言和文化交流的能力，这里的学生既包括美国本土公民，也包括在美国的具有中文语言背景的移民者，所以《全美中小学中文学习目标》同样适用于这类移民者进一步学习和发展其母语或第一语言（即"中文"）的能力。《面向世界的语言学习标准》的主要内容可以概括为"5C"，包括"交际"（communication）、"文化"（cultures）、"贯连"（connections）、"比较"（comparison）和"社区"（communities）五大核心板块。《全美中小学中文学习目标》在《面向世界的语言学习标准》的指导性下详细规定了美国中小学的中文学习者在"交际、文化、贯连、比较和社区"五个方面需要达到的学习目标和中文水平。

（二）《全美中小学中文学习目标》的价值及意义

《全美中小学中文学习目标》在外语通用标准《面向世界的语言学习标准》内容框架的范围内为美国中小学中文教学制定了一个长期的、可实现的、可操作的中文教学模式，以便循序渐进地提升学生的中文水平，让学生知道在什么时候、对谁、说什么以及明白怎么说和为什么这么说。《全美中小学中文学习目标》是美国中小学本土化中文教学的纲领性文件，也是制定美国中小学本土化中文教学大纲的指导性文件。《全美中小学中文学习目标》可以在学习者、学校和社会之间建立纽带和联系，可以成为美国各州和各地区开发中文课程的指南。《全美中小学中文学习目标》可以有效提高学生使用中文解决问题的能力和创新创造能力，可以为以中文为母语的人士提供继续提升母语的机会；此外，《全美中小学中文学习目标》还可以为美国中小学 K-12 中文课程与高等教育课程以及中文社区语言学校开设的中文课程提供无缝连接，从而持续提高学习者中文学习的连续性和累积性效应，从而为其成为中文的终身学习者打下坚实的基础。

三　《全美中小学中文学习目标》的核心内容

《全美中小学中文学习目标》的内容框架可以概括为"5+3+10"模式，其中，"5"代表的是 5C 的内容指标（content standard）；"3"代表的是三级中文学习进度指标（sample progress indicators）；"10"代表的是十大中文学习场景样例（sample learning scenarios），下面分别展开说明。

（一）"5C"目标的内容指标

《面向世界的语言学习标准》从"交际、文化、贯连、比较和社区"五个方面描写了外语学习需要达到的语言学习目标和语言习得水平。《全美中小学中文学习目标》在"5C"的基础上细化了中文学习需要达到的各项内容指标，规定了中小学阶段中文学习的具体目标，特别是经过系统的中文学习之后，需要达到的中文水平。

1. 目标之一：运用中文进行沟通的能力

运用中文进行语言沟通的能力包括三个内容标准：一是人际交流能力（interpersonal communication），侧重于人际交往之间的双向沟通能力，即运用中文在互动交际中交换信息、表达个人情感或情绪以及交流观点或看法的能力，特别关注为了实现交际任务而采用的适时的互动策略，即为了建立良好的人际关系和有效的沟通渠道，学生需要掌握与汉语语境和中华文化相适应的言语表达技巧和言语交际策略，尤其是运用中文进行合理话语应对和适时言语应变的能力，凸显基于中华文化的社会语用表达能力的习得；二是理解诠释能力（interpretive communication），即理解、解释和分析各种中文话题的口语能力或书面语能力，侧重于单向交流性质的"听、读、看"，不同于常规意义上的听力输入能力和阅读理解能力的习得，理解诠释除了听懂具体的言语表达，还需要理解言语表达背后所蕴含的深层社会文化风俗等文化意义，因此，对言语所蕴含文化意义的语用解读是理解诠释能力的核心成分；三是表达演示能力（presentational communication），即就各种中文话题向读者或听者传递信息和表达概念或想法的能力，侧重于单向交流性质的"说"和"写"。与互动交际性质的口语表达能力不同，表达演示关注的是从构思到表达，再到反馈修改，最终到定型的言语作品的产生全过程。在这个过程中，学习者需要习得成熟的中文语篇组织能力及其体现文化习俗和文化特点的中文表达风格和言语组织模式，偏向于具有话语性质的口语表达能力和具有语篇性质的书面语表达能力的习得。

2. 目标之二：体认中国多元文化的能力

体认中国多元文化的能力指的是通过亲身体验去认知并获得关于中文和华语世界的文化，主要包括两个内容标准。一是体认文化习俗，即学生能够理解中华文化实践与文化观念之间的关系。中国的文化习俗反映了中国的社会结构关系和中国人的价值观念，学生通过了解中国人的文化习俗，从而产生对中国社会、政府、家庭角色和人际关系的正确看法，明白自己的观念与中国人的观念既有相似之处，也有不同之处，从而获得在中国文化环境中进行适当互动的能力。二是体认文化产物，即学生能够理解中文相关的文化产物与文化观念之间的关系。中文的文化产物不仅仅包括"丝绸、指南针、纸张、火药、火箭和活字印刷"等古代文明，还包括"高铁、扫码支付、共享单车和网购"等中国的"新四大发明"。学生需要深入了解中国在科学、技术和人文领域做出的种种贡献，从而更好地体验中国文化、理解中国文化、欣赏中国文化，以便在将来的华语世界中发挥应有的作用。

3. 目标之三：贯连其他学科

贯连其他学科指的是将中文作为一种语言工具来获取中文相关的知识，从而拓宽学科知识范围，打通各个学科之间的语言壁垒。贯连其他学科包括两个内容指标。一是触类旁通的能力。一般来说，语言的学习内容经常与其他学科领域的内容交叠。因此，学生可以通过中文来有效地获取中文相关的知识，并将其应用于其他学科，反过来，也可以利用其他学科的内容来拓展中文知识，从而作为用中文进行交流的基础。二是博闻广见的能力，即通过中文来获取新知识。中文是获取中华信息的重要途径。中国的大多数现代出版物以及几千年来累积的古代灿烂文化和文明都是通过中文来获取的。通过学习中文，学生可以有能力获取有关中国的丰富文化知识，以便能够真正地理解中国传统文明和当代文化，从而更加全面地了解世界文化和世界历史。

4. 目标之四：比较语言文化之特性

通过比较自己语言和中文之间的差异，学生可以理解并接受语言文化的多样性，从而更好地理解中国和中国人的文化，同时也能够加深对自己语言文化的理解，从而大大提高自己的批判性思维能力。比较语言文化包括两个内容指标。一是语言比较能力。通过中文的学习，学生会意识到中文和母语之间的巨大差异，了解中文在语调、词序、词源和汉字等方面的独特性。二是文化比较能力。通过文化比较，学生可以更深刻地理解文化差异，包括"日常习俗习惯、信仰体系和传统观念"等；通过深思熟虑地比较，学生既可以加深对自己文化的理解，也可以增加对华语世界文化的了解。

5. 目标之五：应用于国内或国际多元社区

此目标综合了"交际、文化、贯连和比较"四大目标，强调在真实的多元社区环境中使用中文进行应用性质的交际；通过中国的产品和文化实践来了解中国文化，从课堂外的环境（包中国社区组织、企业或政府机构以及网络资源、广播媒体和印刷媒体等）获取知识或资源，寻找一切可能的机会将所习得的中文能力应用到现实世界，主要包括两个内容指标。一是学以致用的能力，学生必须在学校内外都有机会练习和提升他们运用中文进行交际的能力和文化实践能力，必须学会通过中文来获取必要的信息和资源，充分利用华人社区及其附属机构（如"文化馆、华人语言学校和社区组织"等），将在课堂之外获得的中文知识内化到他们中文学习的过程之中。二是终身学习的能力，旨在培养终身的中文学习者。许多学生在完成 K-12 的学习阶段后，将在大学继续学习中文，或参加海外研学项目，或到中国进行游学，甚至成为中国及中国文化的研究者等。这种持续不断地对中文及中国文化的学习、体验和欣赏使得学生有可能成为中文的终身学习者。

（二）三级中文学习进度指标

不同于描写性或规定性的中文水平等级标准，《全美中小学中文学习目标》对中小学学生中文水平等级的描写采用的是进度指标模式。所谓进度指标，指的是将中文学习看作一个长期的、不断累积的语言学习过程，然后分阶段来描述学生在不同阶段所完成的学习进度，描述学生在不同学习阶段需要达到的不同中文水平，包括运用中文能够完成怎样的交际任务以及进行怎样的文化实践活动等。《全美中小学中文学习目标》将美国整个中小学阶段（K-12）分为 K-4、K-8、K-12 三个学段，并分别从"5C"的角度对学生需要完成的学习进度和达到的中文水平等级进行了样例式的说明。

下面以目标之一"交际"（communication）为例来说明学生在完成 K-4、K-8、K-12 三个学段的学习之后所完成的学习进度和需要达到的中文水平，即学生可以用中文完成怎样的交际任务（见表1）。

表1 学生在 K-4、K-8、K-12 三个学段在交际目标方面分别需要达到的中文水平

	语言沟通	理解诠释	表达演示
K-4	①学生可以根据简单的指令参与和年龄相匹配的中文文化活动； ②学生可以就家庭、学校、日常生活等话题提问或回答简单的问题； ③学生可以互相分享各自喜欢或厌恶的物品或活动； ④学生可以互相交换关于熟悉的人或常见物品的信息； ⑤学生可以互相交换诸如"打招呼、问候、告别"等信息； ⑥学生可以理解中文课堂互动中常见的手势语和口语表达	①学生可以听懂或回应课堂任务的相关指令； ②学生可以理解带有插图的儿童故事的主要观点，并识别其中的主要人物； ③学生可以理解简短信息或熟悉话题便签中的简单汉字； ④学生可以理解指令、声调或其他视觉和听觉相关的中文标记	①学生可以就家庭、学校或常见的物品做简短的口头陈述； ②学生可以背诵或改编中国同龄人熟悉的歌曲、短篇轶事或诗歌； ③学生可以使用口语或书面语来讲述或复述儿童故事； ④学生可以学会如何用正确的笔画顺序来书写简单的汉字； ⑤学生可以复述和重新表述那些在课堂上展示的口语或视觉材料中的简单信息
K-8	①学生可以根据简单指令参与课堂上的中华文化活动；学生可以询问或回答具体的问题；	①学生可以理解熟悉话题对话中所包含的主要信息； ②学生可以理解真实的视听资源或多媒体资源中所传达	①学生们在学校的活动中用中文表演小品、背诵精选的诗歌、讲述趣闻轶事和演唱歌曲；

	语言沟通	理解诠释	表达演示
K-8	②学生可以与同学或说中文的人交换关于个人事务、难忘的经历或学校的各种话题等信息； ③学生可以使用中文获取商品、服务或信息，从而发展出相适应的口头交际能力、书面写作能力或网络交际能力； ④学生可以在对话中借助汉字来表达意思	的主要信息或重要的细节信息； ③学生可以理解反映中华文化的日常活动的公告或通知； ④学生可以识别特定的文学文本中的主要人物，理解其主要观点和主旨； ⑤学生可以理解中文交际过程中的语言信号或非语言信号； ⑥学生可以意识到使用中文来阐述观点的多种语言表达形式	②学生们就学校里的人和事书写简单的笔记和报告； ③学生可以准备关于个人经历、事件或其他学校主题相关的故事或简短的书面报告来与同龄人或说中文的人分享； ④学生可以总结包括"诗歌、短篇小说、民间故事和轶事"在内的文学作品的情节，并描述其中的主要人物； ⑤学生需要学会辨识汉字的词根、词缀等构成成分
K-12	①学生可以在各种现实生活场景中发起、维持和结束一段对话，这些对话反映真实的社会交际活动，例如"自我介绍、表达感激、遗憾、抱怨、道歉和个人的兴趣和偏好"等； ②学生可以和同学或说中文的人讨论各自的观点，表达个人情感； ③学生可以分享自己对特定的文学文本（如诗歌、戏剧、短篇故事和小说）的个人观点； ④学生们就学校或社区相关问题以及中国文化的现状和历史等问题交换意见，表达个人观点，并与同学进行讨论； ⑤学生在小组活动中针对华人社区关注的热点问题提出解决方案； ⑥学生可以和同学或说中文的人就中国当代或历史的诸多话题交换或讨论个人观点	①学生可以理解中文报纸、公告、杂志、广告和漫画中的主旨信息或重要的细节信息； ②学生可以不断地加深对正式和非正式表达、口语表达和书面语表达之间存在的细微文化差异； ③学生可以理解、归纳和阐述特定文学文本的基本内容； ④学生能够理解报纸和杂志上对中文使用者有重要意义的、当前的或历史上的非小说类文章的主要内容； ⑤学生能够理解与中国当前和历史事件相关的讲座或报告的主要观点； ⑥学生能够归纳或分析真实文学文本中的主要情节、次要情节、人物以及关于人物的描述、角色和意义； ⑦学生能够深入了解中国文化类产品所蕴含的细微文化差异，如各种文学流派、视觉艺术和表演艺术上的差异等	①学生可以用文字描述日常生活环境和学校里的人、事或物； ②学生可以使用中文字典或词典来准备书面或口头报告； ③学生可以用口语或书面语来创造中文故事或短剧； ④学生可以撰写各种类型的文章，如信件或论文等； ⑤学生可以分析并表达他们对故事、戏剧、诗歌、广播电视节目、歌曲、电影或视觉艺术的观点； ⑥学生可以表演或背诵从世界历史、地理、艺术、科学或数学等学科以及其他说中文的人通常阅读的材料中获取的诗歌或故事节选

从表 1 来看，K-4、K-8、K-12 三个学段的中文学习进度在语言沟通目标上有显著的螺旋式上升的特点。K-4 阶段和 K-8 阶段的内容指标①和②是大致相同的，K-4 阶段的内容指标③④⑤基本与指标①在性质上是一样的，K-4 阶段的内容指标⑥本质上属于理解言语指令的范畴，从性质上可以归为指标①的范畴。因此，K-8 阶段的内容指标①和②基本上可以涵盖 K-4 阶段所有的语言沟通指标，这就是所谓的"螺旋"。而在 K-8 阶段所提升的语言沟通能力主要是内容指标③和④。其中，内容指标③将简单的问答式对话提升为整合信息之后的口头、书面或网络的立体中文输出能力，将课堂交际环境拓展到现实交际情景；而内容指标④在对话中借助汉字来表达意思，已经将口语表达能力和书面语表达能力进行融合，构建起了更为立体的言语沟通体系。因此，内容指标③和④是 K-8 阶段螺旋式上升中的"上升"部分。K-12 阶段的内容指标①和②是 K-8 阶段内容指标②和③的延伸和进一步深化。K-12阶段对 K-8 阶段的提升在于交际的形式变化——小组活动，关注复杂的互动交际行为和互动交际模式。其中，内容指标③关注文学作品，内容指标④和⑤关注社会热点，内容指标⑥关注历史和文化，这些无论在学生的认知水平和认知能力上，还是在言语表达的复杂性、逻辑性和深刻性上都有了大幅度的"上升"。

在理解诠释层面，K-4 阶段的内容指标主要关注课堂环境中简单指令的听力输入和简短信息的阅读理解；而 K-8 阶段主要有三个方面的提升：一是视听资料篇幅的增加（内容指标①）；二是视听材料来源的多元化，其典型体现就是从课堂中理想的视听材料转向真实的交际言语材料（内容指标②和③），甚至涉及书面语色彩较强的文学文本材料（内容指标④）；三是关注语言表达的丰富性和多样性，包括言语表达的非语言信号（内容指标⑤），也包括言语表达的多种形式（内容指标⑥）；K-12 阶段的①~④和⑥是对 K-8 阶段内容指标的深入和强化，属于"螺旋"部分；其"上升"部分一方面体现在对当前和历史事件或热点的深入解读上（内容指标⑤），另一方面则体现在对文化产品细微文化差异的解读上，包括文学流派、视觉艺术和表演艺术等较高层次的文化符号的理解（内容指标⑦）。

在表达演示层面，K-4 阶段主要侧重就简单信息文本进行口头陈述、背诵、复述等；K-8 阶段的内容指标①~③是对 K-4 阶段内容指标的进一步深入和强化，其提升部分主要有两个方面：一是信息文本的复杂化，从口语片段、歌曲、诗歌等简单的口语文本拓展为诗歌、短篇小说、民间故事和轶事等复杂的书面语文本，文本的复杂度和丰富度都具有较大的提升；二是开始发展书面语表达能力，K-4 阶段侧重于口语表达能力，仅要求书写简单的汉字（内容指标④），而 K-8 阶段则要求全面发展书面语表达能力，要求学生学会撰写书面报告（内容指标③），特别强调学会辨识汉字的词根和词缀等汉字构成成分（内容指标⑤）。K-12 阶段的①~③是对 K-8 阶段内容指标的进一步深入和强化，其提升部分主要体现在两个方面：一是所涉信息文本体裁的多样化，从一般的故事拓展为广播、电视、电影等视觉艺术和信件、论文等，这种文本的多元化意味着表达演示能力在多个领域的实际应用；二是着力打通学科边界，将语言表达演示能力应用到历史、地理、艺术、科学和数学等其他学科，那么，此时的表达演示能力就自然成为一种真正的言语交际能力，而不再限于简单的口语表达能力或书面语表达能力，这是一种类似于母语者的语言能力的提升过程。

三级中文学习进度指标不仅详细阐述了交际目标在 K-4、K-8、K-12 三个学段分别需要达到的中文交际水平和可以运用中文完成的交际任务，它还在"文化、贯连、比较和社区"四大目标上提供了详细的学习进度指标样例，这样既有利于教师设计和组织具有针对性、可操作性的教学内容和教学过程，也有利于学生明白自己通过不同学段的中文学习之后可以获得什么或可以做到什么，有利于学生进行自测或自我评估，从而获得学习上的获得感或成就感。

（三）十大中文学习场景样例

《全美中小学中文学习目标》在文末提供了十个典型的中文学习场景样例，这些样例均由一线的本土中文教师提供，用来展示如何将 5C

的各项内容指标应用于真实的日常中文教学当中。这些中文学习场景包括"四合院——中国家庭式住宅""汉字的演化""中国风筝""中国传统艺术——京剧""中国的社区生活""中国民间故事——愚翁移山""太阳系中的太阳、月亮和其他星球——中国传统概念中的'五行'""浪漫的文学故事——梁山伯与祝英台""中国传统活动——踢毽子""中国民俗活动——划龙舟"十个典型场景。当然，这些中文学习场景样例不是固定的或死板的，教师们可以根据学生的不同层次和不同课型进行适当的调整、扩展或修改。

以"四合院——中国家庭式住宅"为例来说明如何将 5C 的各项内容指标应用到真实的中文教学场景当中。

"四合院"的学习场景明确了学习进度为汉语学习的第二年，其学习内容和学习过程包括：学生通过教师展示的图片和讲解来了解四合院的物理结构，最终能够识别四合院的基本特征，并使用维恩图（Venn diagram）的形式将四合院和自己所居住的房子进行对比。教师引导学生用口头形式或视觉的形式来展示自己理想的房子；引导学生讨论中国传统的家庭等级制度和价值观念是如何反映在四合院的布局当中的，引导学生深入思考中国人在选择家庭住宅时所常用到的传统观念——"风水"，引导学生对比当代中国家庭中每个成员的角色变化及责任变化。

在"四合院"的学习场景中，学生通过教师展示的图片和讲解来了解四合院的物理结构体现了"交际"目标：具体来说，教师组织学生讨论中国传统的家庭住宅属于语言沟通的内容指标；学生能够理解教师介绍的关于四合院的信息属于理解诠释的内容指标；学生使用口头形式和视觉形式展示自己理想的房子属于表达演示的内容指标；学生学习并理解四合院布局所反映出来的中国传统的家庭等级观念属于体认中华文化习俗的内容指标；学生能够识别和勾勒四合院的物理结构属于体认中华文化产物的内容指标；学生将四合院与中国传统的社会、历史和建筑进行有意识的关联属于贯连其他学科中的触类旁通的内容指标；学生通过各种渠道获取有关中国传统建筑的文化信息属于贯连其他学科中的博闻广见的内容指标；学生将四合院与自己的房子进行对比属于文化比较的内容指标。当然，《全美中小学中文学习目标》所提供的"四合院"学习场景仅仅体现了交际、文化、贯连、比较四大学习目标，将来如果有机会的话，学校可以组织学生到中国北京四合院进行实地研学，以体现应用于社区的学以致用的内容指标。

从本质上来说，四合院的学习场景不仅仅适用于四合院，还可以广泛应用于中国传统建筑或现代特色建筑的典型学习场景当中，既可以应用于"紫禁城、天坛、颐和园"等传统建筑，也可以应用于"鸟巢、水立方、国家大剧院"等现代建筑，甚至可以用于江南小桥流水、廊桥画廊等人工景观当中。这种典型的中文学习场景样例可以全面展示包括"交际、文化、贯连、比较和社区"在内的五大中文学习目标的各项内容指标，从而全面提升学生的中文水平。

四 《全美中小学中文学习目标》的特点

与《国际中文教育中文水平等级标准》相比，《全美中小学中文学习目标》主要有以下四个特点。

第一，《全美中小学中文学习目标》是一种输出型应用导向的标准，而非语言能力导向的标准。

不同于《国际中文教育中文水平等级标准》语言能力导向的定位（competence-based），《全美中小学中文学习目标》是语言输出定位的应用性语言标准，它体现了 20 世纪 80 年代美国外语教育改革的"表现能力本位观"（performance-based）（孙曼丽，2012：140），也就是说，《全美中小学中文学习目标》关于中文水平的基本评价理念是基于学生的中文表现能力的，凸显关于学生在交际活动中"能做"（can-do）的描述，强调学生能够用中文进行语言交际、理解诠释和表达演示，能够利用中文体认中华的文化习俗和文化产物，能够利用中文打通学科边界，做到触类旁通和博闻广见，能够自主进行中文和其他语言及相关文化的对比，能够在国内或国际中英双语或多语社区进行工作和生活，做到学以致用和学无止境，最终成为一个中文的终身学习者。因此，《全美中小学中文学习目标》不限于习得中文的具体语言知识，具备一定的中文交际能力，完成一定的中文话题任务，而是意在构建中英双语社区或"中文+英语+其他语言"的多语社区，促进双语或多语种社会的融合。因此，《全美中小学中文学习目标》不仅仅关注运用中文进行人际交流，还同样关注体认中华文化、贯连其他学科、比较语言文化特性和应用于国内或国际多元社区等其他语言学习目标。与之不同的是，《国际中文教育中文水平等级标准》是一种"能力本位"的外语教育标准，其更加关注中文作为语言工具可以完成的语言交际任务，包括"听、说、读、写、译"的言语交际能力和完成特定话题任务的应用能力，关注中文的交际工具属性。

输出型应用导向的定位使得《全美中小学中文学习目标》更加关注学生学习中文后的终极目标——"能做什么"，而非音节、汉字、词汇、语法等分级的语言能力的量化指标（这是《国际中文教育中文水平等级标准》的典型特点），这就在很大程度上造成了《全美中小学中文学习目标》"只规定最终目标，而忽视如何达到这些目标"的窘境。俗话说，由量变到质变，没有量变无法促成质变的发生，因此，仅仅规定输出应用的最终目标，而不规定实现终极目标需要达成的具体语言内容的量化指标，特别是具体的语言要素分级量化指标，这在中文教学和中文学习的现实实践中难以贯彻和执行，进一步地说，没有具体的语言量化指标，教师也无法在测评内容和测评标准上对学生的汉语水平进行客观、科学和一致性的评价，往往会流于主观化或随意化。此外，除语言沟通目标之外的其他目标，诸如"体认中华文化、贯连其他学科、比较语言文化特性和应用于国内或国际多元社区"等目标远不是通过学校环境中的纯语言学习能够达成的，它需要学习者、家庭、学校、社会、国内和国际等多方的共同努力和协作。

第二，《全美中小学中文学习目标》按照学段而非按照中文水平来划分等级。

《全美中小学中文学习目标》将美国中小学中文习得水平按照学段划分为 K-4、K-8、K-12 三个阶段，每一个学段的中文水平等级标准都是样例式的。这种样例式的汉语水平等级是一种累积式的，而非描写性或穷尽式的，它详细阐述了学生从幼儿园到 12 年级不间断地学习中文之后所能累积到的中文习得水平。

按照学段划分中文水平等级的优点在于两点：一是有利于将中文与英语一样同时纳入国民教育体系，以便在美国中小学普及中文教育；二是从幼儿园开始就习得中文，借助于语言习得的关键期，可以有效促成中文习得与学生认知水平的同步发展，培养学生的中文思维能力，有利于学生在习得英语的同时习得中文，有利于造就中英双语习得者，造就中文的终身学习者。

缺点在于必须从起点幼儿园切入中文教学，这在教学实践中操作难度极大，不容易统一，这是本目标的最大局限。相对来说，按水平划分等级则相对灵活，无论哪一个年级和学段，学校和教师都可以随时根据需要来切入中文教学。这样做的优点在于易于操作，而其缺点也是比较明显的，即随时切入中文教学，不能保证中文的习得与中小学学生认知水平提高的同步发展，不利于产出中英双语习得者。

第三，《全美中小学中文学习目标》是样例式的而非描写式的中文水平等级标准。

《国际中文教育中文水平等级标准》是一种描写式或规定性的标准和规范，明确规定了三等九级的中文水平需要习得的音节、汉字、词汇和语法的具体量化指标，有明确的、对应的音节表、汉字表、词汇表和规范性的语法等级大纲。而《全美中小学中文学习目标》仅仅将中小学中文水平等级分为 K-4、K-8、K-12 三级，且采用样例式的三级中文学习进度指标对中小学中文水平等级进行释例。

《全美中小学中文学习目标》的优点在于给予了一线中文教师以较大的自由和权限。三级中文学习进度指标使教师可以根据学生的年龄、地区和个性差异适度调整学习内容和学习进度，只需关注 K-4、K-8、K-12 三个学段的中文水平，而不必受到具体年级或学习年限的限制；而样例式的中文水平等级释例也可以使教师和学生不必囿于音节、汉字、词汇和语法量化指标的牢笼，从而更加关注中文在"交际、文化、贯连、比较和社区"五大内容指标上的应用，关注学生具体的中文输出能力和中文应用能力，让他们真正地学会在什么时候、对谁、说什么以及明白怎么说和为什么这么说，而不是仅仅关注掌握了多少音节、词汇、汉字和语法知识点。而相对于三等九级中文水平等级而言，三级中文学习进度指标的划分则较为概括和笼统；样例式的中文水平等级释例相对于较为严格的音节、汉字、词汇和语法知识的量化指标而言，显得标准性和操作性不强，这些因素都导致《全美中小学中文学习目标》在现实的中小学中文教学实践中执行标准不统一，各个学校各个教师各自为政，不易达成统一的意见。

《全美中小学中文学习目标》的最大缺点在于样例式的三级中文学习进度指标不属于典型的规范标准，没有具体的量化指标，不能向教师或学生明确具体的中文学习大纲或中文量化指标，自然就无法给予教师中文教学内容和中文教学进度以具体而严格的规范或要求。教、学、评是教育过程中不可或缺的三个环节，它们相辅相成、相互渗透，是实现优质中文教学的重要保证。如果没有具体的量化指标，就无法对学生的中文水平开展有针对性的、科学的评测，客观上也限制着学生中文水平等级的国际化认证，特别是与国际上关于中文水平等级标准的接轨，从而影响学生将来进一步的学业晋升、出国留学或在特定领域内的就业。

第四，需要指出的是，《全美中小学中文学习目标》所附的十大中文学习样例及其对5C目标的应用虽然看起来非常有效和实用，但是，也存在着一定的不足。

一是所列十大中文学习场景样例大多介绍中国传统文化或文化产物，而对中国现代文化或流行文化缺少关注；二是所列十大中文学习场景样例在普遍意义上认知难度较大，并不适合幼儿园或小学认知层次较低的学生进行应用性的学习。因此，参考学生的认知层次和习得水平，按照年级或学段设计与之年龄相匹配的典型学习场景样例是必要的，也是迫切的。

五 结语

《全美中小学中文学习目标》作为美国外语教育标准《面向世界的语言学习标准》九种下位语言学习标准之一，是美国中小学中文学习的规范性标准，它为美国中小学中文教学制定了一个长期的、可实现的、可操作的中文教学模式，其核心内容框架可以概括为"5+3+10"模式，其中，"5"代表的是5C的内容指标；"3"代表的是三级中文学习进度指标；"10"代表的是十大中文学习场景样例。《国际中文教育中文水平等级标准》是我国第一个全面描绘和评价外国中文学习者中文语言技能和水平的规范性标准，于2021年7月1日起正式实施，它是一部面向全世界的国际通用的中文教学标准。《全美中小学中文学习目标》与《国际中文教育中文水平等级标准》相比，主要有四个方面的突出特点：一是重视语言表现，是一种输出型应用导向的标准；二是按照学段而非按照中文水平来划分等级；三是采用样例式的而非描写式的中文水平等级描写体系；四是缺乏基于不同认知层次的典型学习场景设计。深入理解《全美中小学中文学习目标》的教育理念和核心内容将有利于《全美中小学中文学习目标》与《国际中文教育中文水平等级标准》在美国本土的对接与融合，促进《国际中文教育中文水平等级标准》在美国中小学汉语教学中的应用与落地。

参考文献：

[1] 柴如瑾、王忠耀. 前所未有的"汉语热"[N].光明日报，2017年10月28日第9版.

[2] 陈志敏. 美国中小学《中文课程标准》简介及启示 [J].福建教育，2010（10）：30-31.

[3] 李宇明. 海外汉语学习者低龄化的思考 [J].世界汉语教学，2018（3）：291-292.

[4] 罗青松. 美国《21世纪外语学习标准》评析——兼谈《全美中小学中文学习

目标》的作用和影响 [J]．世界汉语教学，2006（1）：127-135.

[5] 孙曼丽．从"能力本位"到"表现标准本位"——"二战"后美国外语教师教育的发展与变革研究 [D]．福建师范大学博士学位论文，2012：140-150.

[6] The American Council on the Teaching of Foreign Languages. National Standards in Foreign Language Education Project（NSFLEP）：World-readiness Standards for Leaning Languages, Alexandria, VA.（ACTFL），2015.

[7] The American Council on the Teaching of Foreign Languages（ACTFL）．Standards for Chinese Language Learning：A Project of the Chinese Language Association of Secondary-Elementary Schools（CLASS）（全美中小学中文学习目标），Alexandria, VA.，2015.

The Introduction and Evaluation of Standards for Chinese Language Learning： *A Project of the Chinese Language Association of Secondary-Elementary Schools* in the United States

Feng Junwei

（*College of Literature，Hebei University，Baoding Hebei*，071002）

Abstract：*Standards for Chinese Language Learning：A Project of the Chinese Language Association of Secondary-Elementary Schools* is a programmatic document for the localization and a guiding document for the curriculum of Chinese language learning in secondary-elementary schools in the United States. The content-framework of *Standards for Chinese Language Learning：A Project of the Chinese Language Association of Secondary-Elementary Schools* can be summarized as a "5+3+10" model, which "5" represents the content-index of 5C；"3" represents three levels of Chinese learning progress indicators；"10" represents ten Chinese learning scenario samples. Compared with the international Chinese Language Levels Standard *Chinese Proficiency Grading Standards for International Chinese Language*

Education, *Standards for Chinese Language Learning*: *A Project of the Chinese Language Association of Secondary-Elementary Schools* has four outstanding features: First, it focuses on the language performance and is an output application-oriented language standards; The second is to divide the Chinese levels according to the grade levels rather than according to the Chinese levels; The third is to use the progressing samples rather than descriptive Chinese levels system; Fourth, the design of typical learning scenarios based on different cognitive levels is lacking.

Keywords: *Standards for Chinese Language Learning*: *A Project of the Chinese Language Association of Secondary-Elementary Schools*; *Chinese Proficiency Grading Standards for International Chinese Language Education*; American Primary and Secondary Schools

《博雅汉语》精读课教材中的名词义类初探[*]

朱玟诺　孙浩峰[**]

摘　要　本文以《博雅汉语》精读课教材生词中的名词性词语为研究对象，就其义类分布特征及规律进行了定量分析。研究发现：（1）名词性生词各项义类的占比虽不均衡，但覆盖面广泛，体现了"以学习者为中心"的编写理念；（2）其义类分布特征对应了各阶段学习者的汉语水平，符合学习者的认知发展需求。结合教材名词义类分布特征的研究结果，文章尝试探讨"义类结合话题或情境"的词语教学方法的可行性。

关键词　对外汉语；教材；名词；义类

一　引言

在众多对外汉语教材中，《博雅汉语》凭借其针对性、系统性、趣

* 本文系中国侨联课题浙江省侨界智库联盟专项委托课题"新时期意大利华文教育高质量发展研究"（23FZQK104）阶段性成果。

** 朱玟诺，浙江师范大学国际文化与社会发展学院汉语国际教育专业硕士研究生；孙浩峰，博士，浙江师范大学国家语委"一带一路"语言生态研究中心/国际文化与社会发展学院副教授，硕士生导师。

味性和独创性等特点，成为通行度高、使用范围广的教材之一。同时，《博雅汉语》精读课系列教材收录的词并不都是严格意义上的词语，部分常用的大于（小于）词的结构也被选取编排，这与其所遵循的多元综合教学法标准及编写理念有关，即"初级阶段——以结构为纲""加速阶段——以功能为纲""冲刺阶段——以话题理论为原则""高级阶段——以语篇理论为原则"。因此，《博雅汉语》精读课教材不仅是语音、词汇、语法等相关要素的载体，更是中华文化知识与思想的体现，其生词表也具有文化性、多元性、开放性等特点。

为全面考察《博雅汉语》精读课教材生词的义类分布特征，同时也为对外汉语词汇教学提供参考。本文首先对教材中的 6964 个生词进行词性统计与筛选，并选取其中占比最大的 2416 个名词为研究对象。基于所得数据，本文以《现代汉语分类词典》（*Thesaurus of Modern Chinese*，以下简称《分类词典》）的义类体系为理论基础[1]，利用自建教材生词语料库就其名词义类进行定量研究。本文是基于生词语料库统计数据的分析。

二 《博雅汉语》精读课教材生词的义类考查

周光庆指出："义类者，命名取义之法则也，名实结合之规约性也。"[2] 在词义类聚的划分中，词的词汇意义是决定的条件，永远处于词义的核心地位[3]。一般而言，我们接触到新词语时，首先就是了解词语本身的含义；其次是学习该词语的用法，其中就包括：该词语和其他词语共处的语义场、该词语可被运用的特定情境和话题等。学习者在不了解词义及对应用法的情况下，交际任务是无法顺利展开的。

因此，除了《博雅汉语》精读课教材中的生词及课文文本语料外，本文还以《现代汉语分类词典》的词汇为参照语料，对《博雅汉语》精读课教材生词进行义类分类标注统计。

（一）《现代汉语分类词典》的语义分类层次

新时期在语言学理论指导下，出现了一批将"西方的分类与本民族的分类相结合""科学分类与日常经验相结合"的义类词典，如《同义词词林》、《简明汉语义类》和《现代汉语分类词典》等[4]。其中《现代汉语分类词典》不但构建了一个覆盖面广、语义层次清楚的词汇分类系统，而且各级概念义呈树状分布，体现出汉语词汇义类的外部层级性和内部逻辑性。[5] 其语料虽数量庞大，但通用度高，突破了《同义词词林》《简明汉语义类》等词典的时代局限性。《现代汉语分类词典》完整展现了现代汉语词汇语义系统的面貌，"更顺应汉语二语者的认知、习得规律"，[6] 因此《现代汉语分类词典》为对外汉语教材生词的义类研究提供了极大的参考价值。

1. 《现代汉语分类词典》的语义体系

《现代汉语分类词典》构建了五级语义层分类体系，其中一级概念义分"生物""具体物""抽象事物""时空""生物活动""社会活动""运动与变化""性质与状态""辅助词"9类，二级概念义共62类，三级概念义共508类，四级概念义共2057类，五级概念义共12659类。其中前四级之间为上下位关系，第五层级主要是同义和近义关系。

2. 《现代汉语分类词典》所收词汇的义类编号示例

以"泡面"为例，其一级概念义为"贰、具体物"；二级概念义为"八、食用品"，同一层级收录词语如"火腿、白酒、调料、烟草、敌敌畏"等；三级概念义为"A食品"，同一层级收录词语如"草料、罐头、吐司"等；四级概念义为"b食物"，同一层级收录词语如"零食、汤圆、包子"等；五级概念义无具体名称，主要为词语义类的细致分化和编号，"泡面"的五级编号为"13"，同一层级还收录词语"碗面、方便面、工仔面（现也称"公仔面"）、即食面、速食面"。不难看出，第五层级所收词语均为"速食面"类，即近义词或同义词合集。所以，"泡面"一词的编号为"贰八 Ab13"。

考虑到《现代汉语分类词典》所展现的精细分类，数量庞大，本文在对教材生词语料进行概念义分类时仅涉及《现代汉语分类词典》前三层级的概念义。

（二）《博雅汉语》精读课生词的一级义类分布情况

在对教材生词的义类进行统计之前，本文首先对生词进行词性分类。分类发现，教材所收生词除实词类和虚词类外，还收录了成语、谚语、关联短语、固定搭配等非词成分。因此，本文实际分析的一级概念义共 6033 项。根据《现代汉语分类词典》的体系，《博雅汉语》精读课生词的一级概念义占比如表 1 所示：

表 1　《博雅汉语》教材生词一级概念义占比（N = 6964）

序号	一级概念义	频率	百分比（%）
1	时空	291	4.2
2	辅助词	445	6.4
3	生物	493	7.1
4	运动与变化	535	7.7
5	具体物	544	7.8
6	社会活动	579	8.3
7	性质与状态	911	13.1
8	其他	931	13.4
9	生物活动	971	13.9
10	抽象事物	1264	18.2

注："其他"并不是概念义名称，而是《博雅汉语》精读课教材收录的非词成分和《现代汉语分类词典》未收录的部分内容，如成语、谚语、关联词、短语等。

1. 教材生词义类的占比情况分析

由表 1 可知，《博雅汉语》精读课教材生词涵盖了《现代汉语分类词典》的一级义类体系的全部内容，峰值为"抽象事物"类，占18.2%；谷值为"时空"类，占 4.2%。从思维的角度看，成年阶段的逻辑性思维，也就是理性思维是强于感性思维的，而人类对整个世界的认知也是由具体到抽象的过程。所以"抽象事物"类词语是人逻辑思维更加复杂的表征，因此该类词语在生词表中占比最大。正是因为"抽象事物"类的占比最大,其对应的名词义类在整个教材生词义类体系中有比重优势。

2. 名词义类的比重优势

通过对教材生词词性的计量统计发现:名词(不包括专有名词)在教材生词中占比最大,共 2416 例,占 34.7%;第二是动词,共 1888例,占 27.1%;第三是形容词,共 1024 例,占 14.7%,符合现代汉语词性占比的整体规律。

在对《博雅汉语》精读课教材生词语料进行词性的分类后,我们注意到教材生词中"抽象事物""具体物""生物""时空"多为名词;"生物活动""社会活动""运动与变化"多为动词;"性质与状态"类多为形容词。其中,"抽象事物""具体物""生物""时空"等四类概念义共占 37.3%,对应"名词"在词性中有占比优势。

"名词分布属于人类语言的不变量"[7],且名词一向处于现代汉语词汇中的核心地位,郭绍虞在《汉语语法修辞新探》中更是提出了"名词重点论"的观点。[8] 基于此,根据名词极强的稳定性及其在语法中占据的重要位置,本文选取教材生词中占比最大的词性,即名词为研究切入点。此外,教材的编写需依托大纲进行,而大纲本身就是精心设计的,教材生词的选编本身就已具备很强的实用性和针对性。因此从教材中筛选出来的名词语料可以确保教材名词义类分布探究的合理性与科学性。

三 《博雅汉语》精读课教材名词的义类分布

为客观真实地呈现各册教材中名词义类的分布特征及规律,本文首先系统考察了一级义类的分布态势,在此基础上,探究名词义类的内部建构,即具体分析"生物""具体物""抽象事物""时空"义类的层级性分布特征,主要涉及二、三级概念义。

(一)教材名词的义类分布考察

在根据《现代汉语分类词典》义类体系进行词汇的一级义类划分

后，本文对名词做二次筛选：因教材生词表对专有名词的标注有所不同，主要涉及"姓氏""人名""宗教""节日""地点"等，本文不将专有名词纳入义类统计中。因此在已有变量及一级概念义的基础上，本文增加了二级和三级概念义，另外建设一个子语料库，最终形成《博雅汉语》精读课教材名词义类语料库。之后对名词义类进行详尽分析，从而系统考察《博雅汉语》教材名词义类分布特点。

1. 名词义类的总体分布概况

通过对名词一级概念义的系统考察，研究发现："生物"类共 470 例，占 19.5%；"具体物"类共 521 例，占 21.6%；"抽象事物"类共 1098 例，占 45.4%；"时空"类共 251 例，占 10.4%；"生物活动"类共 18 例，占 0.7%；"社会活动"类共 19 例，占 0.8%；"运动与变化"类共 6 例，占 0.2%；"性质与状态"类共 26 例，占 1.1%；"辅助词"类共 7 例，占 0.3%。

为合理展现教材名词义类的分布特征，对占比较小的"生物活动""社会活动""运动与变化""性质与状态"四类，本文不作义类探究。另外，教材中词性标注为名词的生词，在《现代汉语分类词典》中却是辅助词，这样的生词共八个："事先"（重现一个）"满心""末了""刚才""最后""先后"等。该问题暂且不论，本文也不将其纳入接下来的教材名词义类探究中。

通过分析以上义类数据，本文得出以下结论。

（1）名词一级概念义的峰值为"抽象事物"类，共 1098 例，占近五成；"具体物"类为 521 例，占比为 21.6%。前文提到人类对整个世界的认知是由感性到理性、由具体到抽象的过程，且从词义系统的角度看，人类以联想为手段，"运用象征符号赋予事物以意义"，从而塑造出整个人类世界。[9] 事物的命名多是人类联想的产物，抽象的词语大多也是由具体形象的词语转化而成的，如"顺序""梦想"等词语就体现了自身的演化过程。所以，"抽象事物"类词语的掌握体现了学习者语言综合运用的能力。基于前文数据和发现，"抽象事物"类词语量是"具体物"类词语的两倍多是合理的。

（2）名词一级概念义的谷值为"运动与变化"类，共6例。各义类占比差距过大，"生物""具体物""抽象事物""时空"四类共占96.9%，"生物活动""社会活动""运动与变化""性质与状态""辅助词"五类共占3.1%。这是因为"生物活动""社会活动""运动与变化"三类的词语多为动词，"性质与状态"类的词语多为形容词，"辅助词"类多为虚词。

2. 名词义类的分册分布探究

通过删除占比较小的"生物活动""社会活动""运动与变化""性质与状态""辅助词"等五类概念义，本文最终保留下"生物""具体物""抽象事物""时空"等四类概念义，共统计出2340个名词，其分册分布情况见图1。

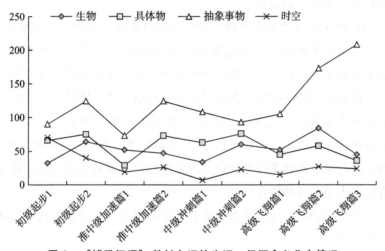

图1　《博雅汉语》教材名词性生词一级概念义分布情况

由图1可知：

（1）"生物"类的峰值在高级飞翔篇2，谷值在初级起步篇1；"具体物"类的峰值在中级冲刺篇2，谷值在准中级加速篇1，"抽象事物"类的峰值在高级飞翔篇3，谷值在准中级加速篇1；"时空"类的峰值在初级起步1，谷值在中级冲刺篇1。

（2）由于人对生物多样性的认识不断加深，"生物"类词语在准中级到中级阶段起伏较小，在初级阶段和高级阶段起伏较大。作为描写具体物质形态的"时空"类词语由于自身的有限性，其分布态势自准中级阶段起趋向平稳。且"生物"类和"时空"类自准中级加速篇2后，都呈现出规律性地"下降、上升、下降、上升、下降"的趋势。

"具体物"类词语是人对现实世界的直观概括，是感性认识的具体表象；"抽象事物"类词语作为事物本质及内在规律的体现，实际上是"感性认识"、"理性认识"和"联想"这三者结合的产物。因此，"具体物""抽象事物"的分布态势整体波动较大。中级之前，"具体物"类和"抽象事物"类的发展态势一致，呈现两次"上升下降"的特点，但在中级到高级阶段，二者的发展趋势相反。虽然在高级阶段最后，"具体物"类出现了短暂上升，但总体仍表现出"抽象事物不断攀升，具体物波动下降"的特点。

（3）图1显示"抽象事物"类的词语总量位于其他三个义类之上，对应了前文义类概况中"抽象事物"类词语的分析结果。随着学习者汉语水平的提高，其交际话题的领域愈加广泛，这就要求学习者掌握大量的汉语词汇，以支撑学习者的口语和书面语表达。越是高级阶段，学习者越善于运用抽象思维对事物进行本质的认识。因此"抽象事物"类的词语量在高级阶段大幅增加，"具体物"类、"时空"类和"生物"类的词语量则在高级飞翔篇3中呈现下降趋势，其义类分布特征符合学习者汉语水平提升的特点。

基于上述分析，可以得出"教材词汇编排符合学习者的认知发展规律"的结论。

（二）名词义类的具体分布情况

为进一步考察教材中名词义类的分布情况，文章整合了四类名词的二级和三级概念义，其中"生物"类的二级概念义分5类，三级概念义共27类；"具体物"类的二级概念义分8类，三级概念义共42类；"抽象事物"类的二级概念义分10类，三级概念义共58类；"时空"类的二级概念义分2类，三级概念义共12类。现将名词义类的具体内容按照"生物""具体物""抽象事物""时空"的顺序进行展示。

1. 名词义类的具体情况及特点

（1）"生物"类。"生物"类的二级概念义分为人（271 例，占 57.7%）、动物（45 例，占 9.6%）、植物（45 例，占 9.6%）、微生物（1 例，占 0.2%）和生物部分（108 例，占 23%）共 5 类。如司机、老板、猴子、乌鸦、茄子、鲜花、口水、脑瓜子等。三级概念义的前十位为：躯体部分>社交>亲属>职业>泛称>品性>才识>年龄>蔬果>花草。数据显示，"微生物"类词语数量仅 1 例，究其原因，大致与"微生物"类词语多为专业词语，学习者在学习过程中很少接触相关内容。

"生物"类的二级概念义中"人"占比最大，远超其他四类；其次则是"生物部分"。这一部分需将二级概念义"人"和三级概念义中排列第一的"躯体部分"结合起来进行分析。考虑到"躯体部分"中主要收录了"皮肤、头发、眼皮、脑子、手指、胸、肌肉"等汉语词语，而学习者的日常交际内容或是他们讨论一个"人"的时候，难免要用到"躯体部分"中的很多词语，此外，人们在"具体交际活动中的听说读写都是跟具体的人联系在一起的"[10]。因此，二级概念义的"人"和三级概念义的"躯体部分"二者结合，占比又增加，满足了学习者日常交际所需要的大部分"生物"类词语。

（2）"具体物"类。"具体物"类的二级概念义分为概称（29 例，占 5.6%）、自然物（102 例，占 19.6%）、材料（19 例，占 3.6%）、器具（42 例，占 8.1%）、建筑物（67 例，占 12.9%）、生活用品（116 例，占 22.3%）、文化用品（54 例，占 10.4%）和食用品（92 例，占 17.7%）共 8 类，如资源、田野、油漆、按钮、住宅、衣裳、唱片和盒饭等。三级概念义排名靠前的为：食品>日用品>自然物质>办公用品=房屋=地貌>布料、服饰>家具、家电>交通工具>建筑部分>用品=天体>体育娱乐用品。

二级概念义中"生活用品"占比最大，后面依次是"自然物""食用品""建筑物""文化用品""器具""概称""材料"。而三级概念义中"食品""日用品""自然物质""办公用品""房屋""布料、服饰"等，分别对应上了上一级的前五名概念义。因此我们将二级概念义和三级概念义结合起来，选择占比前五的义类进行分析，具体如下。

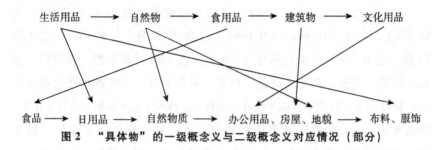

图 2 "具体物"的一级概念义与二级概念义对应情况（部分）

图 2 显示，三级概念义中，"食品"类提到第一位；其次是"日用品"；然后是"自然物质"；其后是"办公用品""房屋""地貌"，最后是"布料、服饰"。来华学习者在跨文化交际中，一般都要"经历从文化不适应到文化适应的过程，大体上分为四个阶段：蜜月期、挫折阶段、调整阶段、适应阶段"[11]。而"衣、食、住、行"无不与这四个阶段息息相关。学习者必须为"餐饮""住宿"等方面做好充足的准备，从而调整好心态，以保证汉语学习的顺利开展。

教材有关"交通"的生词占比不合理，部分生词主要分为以下两类：

交通建筑（10 类）：桥梁、隧道、街道、胡同、通道、里巷、立交桥、路、机场、站；

交通工具（15 类）：过山车、马鞭、洋车、排挡、班机、自行车、车、地铁、轮胎、火车、硬座、飞机、汽车、出租车、大巴。

交通工具的名称反映了词义的时代属性，中国的交通经历了时代的发展，如今已实现了海陆空全面立体覆盖，而《博雅汉语》精读课教材的生词表中有关"海运"的交通工具及相关概念，如"舟、船、艇、游轮、轮渡"之类的词语并未涉及。

基于此，《博雅汉语》关于"具体物"类词语的编排符合了来华学习者的实际需求，但"交通"类词语的收录并不全面。

（3）"抽象事物"类。"抽象事物"类的二级概念义分为事情（235 例，占 21.4%）、属性（250 例，占 22.8%）、意识（128 例，占 11.7%）、社会（86 例，占 7.8%）、政治（41 例，占 3.7%）、军事（4 例，占 0.4%）、经济（58 例，占 5.3%）、科教（201 例，占 18.3%）、文体卫生（61 例、占 5.6%）、数量单位（34 例，占 3.1%）共 10 类。如秘密、精力、意识、商业、政策、军队、零花钱、直径、交响乐、批量等。三级概念义排名前十的为：情势>语言文字>文章>事情>过程>性质>范畴>规律、方法、思路=德才>群体>仪容。

因为话题敏感，加之多数学习者在学习和日常生活中很少接触"军事"类事物或活动，教材中"军事"类名词占比最小，仅 4 例（军队、抗战、战术、战争）。而"属性""事情""科教""意识"四类共占比 74.2%，远超"社会""经济""文体卫生""政治"的总和。

三级概念义中，"语言文字"类仅比"情势"类少 7 个，位列第二，这是因为这类名词与学习者的汉语学习需求紧密挂钩，收录了如"数字、文字、俗话、同义词、赠言、字眼、歌词、比喻、汉语"等词语。"文字是用书写/视觉形式对语言进行再编码的符号系统"[12]，对于汉语学习者而言，其所使用的"语言能力是听说能力，文字能力是读写能力"[13]。因此，无论是书面语还是口语表达方面，语言文字的规范化使用都体现了学习者的语言认知思维与汉语运用能力。

（4）"时空"类。"时空"类的二级概念义分为时间（146 例，占 58.2%）和空间（105 例，占 41.8%）2 类。如年龄、平时、当年、公元、内地、胜迹、沙场、禁区等。三级概念义按照数量进行降序展示：方位>地方>时候>时期>季节>昼夜、时辰>年纪>年、月、日>地点>天地>时段>天文历法。

"时间"类词语有不少近义词或同义词，如"眼下、目前、当前""往日、昔日"等，而且所分类别也比"空间"类多，因此"时间"类词语占比最大。

2. 《博雅汉语》精读课教材名词的义类整体分布特征

结合《博雅汉语》名词义类的数据分析和分布特征，教材生词中名词的收录具备以下的特点。

（1）名词的义类覆盖面十分广泛，分布特征对应了学习者的汉语水平。编排上也做到了义类复现，遵循了学习者的认知发展规律，有利于学习者对汉语词汇学习的理解和记忆。

（2）教材所收录的名词符合学习者日常交际和汉语学习的需求，同时考虑到了学习者在跨文化交际中可能遇到的障碍，系统地收录了学习者在华日常生活所需的各类名词。

（3）从义类占比来看，部分义类收录稍不合理，如"生物"类中，"人"占57.7%，"动物""植物"二者相加的占比也不及"人"的一半；"属性""事情""科教""意识"四类共占74.2%，"社会""经济""文体卫生""政治"四类相加之后，其占比远不及前四者总和的一半。

四 《博雅汉语》名词义类的研究意义

词汇义类体系在对外汉语词汇教学中的应用最早为语义场理论对词汇教学的影响，即利用语义场图式进行词汇教学。张和生认为，情境、话题与词语义类是既有联系又有交叉的，同一情境、话题可以包含不同的词义类别，同一词义类别也可以出现在不同的情境、话题中，[14] 起到综合运用的汉语表达效果，如前文提到的"生物活动"与"社会活动"的交叉关系。词汇结合义类体系的对外汉语词汇教学不仅有助于学生的汉语学习和表达，还能促使学生的逻辑思维得到充分发挥。

因此，本部分根据《博雅汉语》精读课教材所遵循的多元综合教学法标准，[15] 同时结合《国际中文教育中文水平等级标准》（以下简称《等级标准》）对各阶段语言技能的衡量要求及侧重点，思考"情境或话题结合义类"的词汇教学方式，并以此为基础，在日后的对外汉语词汇教学中进行实践并加以验证。

（一）初等阶段：特定情景下的义类词汇替换练习

《等级标准》初等水平要求考生就熟悉的日常话题进行简单且直接的交流，完成初步的交际任务和话语表达。《博雅汉语》初级起步篇则"以结构为纲，寓结构、功能于情景之中"[16]，课文围绕日常生活设置了许多特定的交际情景，在特定情景中，某一义类的词语成群出现。如初级起步篇 1 中第十四课《我喜欢浅颜色的》，该课就选购衣物的对话，集中选编了"性质与状态"类词语：

漂亮、新、旧、颜色、白、蓝、黄、黑、灰、绿、深、浅、容易、脏、便宜

教师在进行初级阶段的词汇教学时，可适当地围绕课文所给出的情境进行相关（相同）义类的词语补充，或者另设一个情境并引导学习者说出某个义类的词语，从一开始就培养了学习者通过联想积累词语的习惯。

在词语练习中可以采用简单的"替换练习"的方式，[17] 如"厂店"类词语和"社会活动"类词语可以结合起来进行练习：

我要去商场购物。──→我要去饭店吃饭。──→我要去市场买菜。

（二）中等阶段：话题任务表达与写作

《等级标准》中等水平要求考生运用汉语完成基本的日常交际任务，讨论领域较为广泛的话题。而《博雅汉语》的中级冲刺篇以"话题理论"为原则进行编写，除日常交际所需的情景外，话题围绕文化习俗等进行了深入的展开。因此中等水平的词汇教学就要设定一些较为复杂的情境，除了围绕比较日常的话题外，还要涉及一些专题领域，可以

适当地补充一些超纲词，从而提高学习者运用汉语进行交际的能力。

如中级冲刺篇 2 的《闲说北京人》及该课的副课文《东北人的家乡情结》主题是北京、东北两地民众的"饮食习惯"，揭示了民众的性格和心理特点，文章开篇将"生物活动"类词语和"具体物"类词语二者搭配，谈及各地人的饮食喜好：

> 山西人<u>爱吃醋</u>，无锡人<u>好食甜</u>，湖南、四川人<u>喜辣椒</u>，似乎已是家喻户晓的事情。

该课的"抽象事物"类词语和人民的性格、爱好及当地风俗有关；"具体物"类词语和当地的饮食习惯有关；"生物"类词语结合"食用品"类词语，与当时北京人饮食差异有关，如"胡同里的平民百姓偏爱的几样食品是豆汁、炒肝儿和王致和的臭豆腐"。同样地，教师可以指定话题或是学习者选择自己感兴趣的话题，再结合某几个义类的词语，让学习者利用所学知识进行口语交际或写作。这样学习者在拓展词汇的同时，也能提升成段的口语或书面语表达能力。

（三）高等阶段：话题建构联系义类与文化

《等级标准》高等水平涉及更加复杂且专业的话题或情境，考生要根据自己的见解进行口语或书面语表达。《博雅汉语》高级飞翔篇则以"语篇理论"为原则，穿插安排多样内容、题材的文章，体现了中国文化的丰富内涵。[18]

语言与文化密不可分，"语言中的民族特征自然会由词汇反映出来"[19]，因此词汇教学离不开文化。学习者在进行语言学习时必须对相关文化习俗进行细致认识，才能正确地理解和运用所学语言。这说明教师在面向高级阶段的学习者进行词汇教学时，不能流于表面，要带领学习者深入理解某一义类词语的语义关系网，必须将文化融入学习者的词汇学习。以"春节"为例，中国人过春节讲究"红红火火"，有"穿红衣""发红包""挂红灯笼"及贴挂各种红色的装饰物等习俗。在中国人心中，"红色"代表着喜庆、热闹、祥和与兴旺发达，还象征生命、热情、朝气和欢乐，可以说是中华民族最喜欢的颜色之一。基于此，"中国结""红嫁衣""红腰带""红底横幅"等事物都能围绕"红色"所代表的含义进行补充解释。

同样地，教师对"文化"类词语可以选取异同点进行补充教学，引导学生理解汉语与其母语在语义文化上的差异。如前文中的"红色"一词，西方国家多把"红色"与"战争""死亡""流血""危险""暴力"等联系在一起，[20] 这与中国人对"红色"一词的理解有很大的不同。因此，语义联系文化的词汇教学不仅帮助学习者丰富知识，而且能消除理解性障碍，为学生的词汇学习提供相应的保障。

五　结语

通过对《博雅汉语》精读课教材生词的义类进行统计分析，发现生词一级义类涵盖了《现代汉语分类词典》的全部内容，名词义类范围广泛，义类占比较为合理。义类分析结果显示《博雅汉语》精读课教材名词的编排也遵循了学习者的认知发展规律，充分考虑到来华学习者可能存在的跨文化交际障碍问题，体现了"以学习者为中心"的理念。总体来看，《博雅汉语》精读课教材名词义类体系是比较合理的，课文围绕特定的主题和情境，集中选编某一义类的词语。结合所分析的词汇义类分布特征，表明词汇义类结合话题或情境有利于对外汉语词汇教学，有助于扩大学习者的词汇量、提高学习者的汉语水平和交际能力。

但是根据《等级标准》的话题任务内容要求来看，《博雅汉语》精读课教材涉及的课文主题并不全面，导致部分义类占比失衡。而且教材共收录了包括非词成分在内的 6964 个词语，远低于《等级标准》要求学习者掌握的 11092 个词语。同时发现教材生词表存在词性标注错误的问题，如《准中级加速篇 1》中第十三课词汇表中的"圈"，原句为"吃饭时，大家坐成一圈，饭和菜放在中间"。书上标注词性是形容词，但"圈"用于动作是动量词，用于人或物是物量词，所以词性应标注为量词。其他还有专有名词标注问题，如"佛教"一词在准中级加速篇1第十三课标为名词，在中级冲刺篇1第九课却标为专有名词。以上相关词性标注等问题虽未影响到教师的实际教学，但会使学习者产生误解，并对教材严谨性造成一定的影响。在后续的教材修订中，词性标方面需要被注意。

总体而言，《博雅汉语》精读课教材体现其实用性、专业性、时代性等特点，词汇选编符合二语学习者的实际需求。

最后，由于缺乏实质性的实验研究，未对"词汇义类结合话题或情境"这一词汇教学法的效果进行统计检验，无相关数据支撑本文的教学法部分。未来，我们会在对外汉语词汇教学过程中进行实践探究，从而完善本文的不足之处。

注释：

[1] 苏新春．现代汉语分类词典［M］.北京：商务印书馆，2013.

[2] 周光庆，王一军．汉语义类的形成及其哲学意蕴［J］.郧阳师范高等专科学校学报，1999（4）：53-61.

[3] 葛本仪．现代汉语词汇学［M］.济南：山东人民出版社，2004.

[4] 袁世旭，李娜．汉语义类词典编排体例的演变研究［J］.汉字文化，2013（2）：26-31.

[5] 洪桂治，苏新春．一个以义为纲的词汇分类体系——《现代汉语分类词典》［J］.辞书研究，2015（1）：61-67.

[6] 宋贝贝．《现代汉语分类词典》的编纂特色与应用价值［A］.李无未，林丹娅．厦大中文学报［C］.厦门：厦门大学出版社，2020：261-272.

[7] 李媛，段庭辉，刘海涛．名词分布是人类语言的不变量吗？——以德语书面语中名词分布为例［J］.浙江大学学报（人文社会科学版），2019（6）：39-48.

[8] 郭绍虞．汉语语法修辞新探［M］.北京：商务印书馆，1979.

[9] 申小龙．语言的人性与人的语言性——论人类语言符号的文化视界［J］.学术交流，1989（4）：121-128.

[10] 郭睿．工具性和交际性是对外汉语教学的本质属性——再谈对外汉语教学的学科性质［J］.海外华文教育，2015（1）：7.

［11］刘珣．对外汉语教育学引论［M］.北京：北京语言文化大学出版社，2000.

［12］叶蜚声，徐通锵，著．语言学纲要［M］.北京大学出版社．2009.

［13］张朋朋．"语言能力"和"文字能力"［J］.汉字文化，2005（2）：23-26.

［14］张和生．利用汉语义类进行词汇教学的实验报告［J］.世界汉语教学，2008（4）：56-62+3.

［15］李晓琪．汉语教材编写的两个问题［J］.华文教学与研究，2016（3）：74-86.

［16］李晓琪．汉语教材建设与学科建设的关系［J］.国际汉语教育（中英文），2017（1）5-8.

［17］张和生．对外汉语词汇教学研究：义类与形类［M］.北京：北京大学出版社，2010.

［18］李晓琪．《博雅汉语》编写实践与编写原则［A］世界汉语教学学会．第八届国际汉语教学讨论会论文选［C］.北京：高等教育出版社，2005：684-689.

［19］刘双．文化因素在词汇理解中的作用［J］.外语学刊（黑龙江大学学报），1995（4）：45-47.

［20］高芳．论颜色词汇的文化内涵［J］.河南大学学报（社会科学版），2006（6）：169-172.

A Preliminary Study on Semantic Regimentation of Nouns in the Intensive Reading Textbook of *Boya Chinese*

Zhu Wennuo[1], *Sun Haofeng*[2]

(*The College of International Culture and Social Development,*

Zhejiang Normal University)

Abstract：This paper makes a quantitative analysis on the distribution characteristics and rules of semantic regimentation of nouns in *Boya Chinese Intensive Reading*. The findings are as follows：(1) Although the proportion of each meaning category of nominal words is not balanced, it covers a wide range, which reflects the "learner-centered" teaching material writing concept；(2) Its semantic distribution features correspond to the Chinese level of learners at each stage and meet the cognitive development needs of learners. Based on the research results of the distribution characteristics of lexical categories in textbook names, this paper attempts to explore the feasibility of the vocabulary teaching method of "combining lexical categories with topics or situations".

Keywords: Teaching Chinese as a Foreign Language; Teaching Material; Noun; Semantic Regimentation

《汉语国际教育概论》课程"五育"重构设计

匡　昕[*]

摘　要　《汉语国际教育概论》是汉语国际教育本科专业核心课，本研究围绕"知识传授、能力培养、价值引领"三位一体教育理念，遵循"知识——智育——德育——三育——五育"的课程设计思路，通过专业需求分析、课程定位分析、学生需求分析，提出《汉语国际教育概论》课程"五育"设计思路：对标专业培养，厘清三维目标；链式提问，解构知识框架；聚焦情境，挖掘德育内涵；项目引领，推进五育融合；通过第二课堂生发五育功能；借力作品展演评价五育效果。该课程重构设计探索五育融合模式，为国际中文教育本科、硕士等课程设计提供案例参考。

关键词　五育融合；课程设计；汉语国际教育

一　引言

自"培养德智体美劳全面发展的社会主义建设者和接班人"（习近平，

---

* 匡昕，北京体育大学国际教育与交流学院副教授，教育学硕士，研究方向为国际中文教育、中文作为第二语言教学，中文教学资源等。

2018）到"坚持立德树人，着力培养担当民族复兴大任的时代新人"和"坚持'五育'并举，全面发展素质教育"（教育部，2019），"五育融合""五育育人"已成为落实立德树人，培育时代新人的有效机制和实施路径。教育界很多学者基于宏观层面探讨了"五育融合"的理论基础（宁本涛，2020）、内涵框架（李政涛、文娟，2020）、破解路径等（鞠玉翠，2021）。但现实中的五育存在疏于德、偏于智、弱于体美、缺于劳等问题，五育工作之间的割裂也比较严重（鞠玉翠，2021），五育深度融合成为当今教育之命题，之难题。

五育概念的提出与五育教育的发展有其历史原因和时代背景，五育的重要载体——课程也应与时俱变，顺势革新。近年来，很多高校在本科教育体系和课程构建中，不断强化思政课程建设力度，优化细化实践教学体系，设置通识课、美育课，强化体育课程，加强体能达标训练与考核，并提倡学科专业课程思政。其中思政课聚焦德育，学科专业必修课、选修课聚焦智育，体育课与体能测试指向体育，美育必修课、选修课汇聚美育，实践教学体系与学生日常管理共同阐释劳育。这些教育改革举措都为五育并举、五育融合创造了实施条件与教育生态环境。但在实际培养过程中，"五育"却远远没有达到协同、融合育人的效果。究其原因，一是五育课程体系构建尚不够全面系统，也未细化精化深化，五育课程体系、课程内容的科学性及其育人效果有待进一步论证与实践检验。二是各育课程"孤岛化""微粒化"倾向较重，既没有实现育内课程间的贯通育人，也远未能形成跨育课程间的协同育人，仅是"见树木不见森林""有明珠却未成串"，难以实现课程间协同育人的效果。三是各课程教师缺乏"五育"教育理念与育人意识，教师间也没有沟通协作机制，使五育难以在一线教学中付诸实践。

要克服教育实践中五育的缺隐化、微粒化、浅表化、断裂化，应从宏观、中观、微观三层面入手，国家出台五育相关顶层设计与实施指导意见；各级各类学校、教育机构和教育领域专家学者深钻细研，挖掘五育科学内涵，构建科学的五育教育框架，研讨切实可行的协同育人落实机制与实现路径；一线教师强化课程"五育"意识，提升育人技能与方法，探索五育实施途径与育人模式，落实五育协同育人。

二 课程"五育"

课程"五育"是课程内的"五育融合"，指立足某一课程，以某育为抓手，挖掘课程内其他四育要素与内涵，运用一定方式方法开展五育融合的育人过程。如体育课程《武术》，以训练学生掌握武术的基本技术动作、武术套路及主要攻防实战技能，弘扬武术精神，磨炼意志品质为育"体"内容，同时可以挖掘出如谦让宽容的道德品质、奋发有为自强不息的爱国情怀等育"德"元素；中国武术发展史、传统文化内蕴、运动生理科学等学科知识及知觉思维、实操能力、学习能力、思辨能力等智育元素；身神统一、身心合一、动静结合、技艺结合、人际和谐、天人合一等育"美"元素；心想、眼观、耳听、口说、手到、身形意念协同的个人劳动能力与社会适应、实践创造能力等育"劳"元素。

课程"五育"是五育融合的微观底层设计，是学科课程教师提出的智育为基、德育引领、四育协同、五育融合育人的基层方案与群众智慧，为一线教师树立立德树人、五育并举的育人理念，开展育人实践提供方法支持，为推动育内、育间、跨育的课程融合研究提供实践性方案，为五育内涵与落实机制的研究贡献基层智慧。本文尝试从微观教学层面入手，以汉语国际教育本科专业核心课程《汉语国际教育概论》为例，围绕"知识传授、能力培养、价值引领"三位一体教育理念，遵循"知识——智育——德育——三育——五育"的课程设计思路，探索课程"五育"融合的实现路径，自下而上、以点带面助力五育研究及教育教学的全面深化改革。

三 课情分析

（一）专业需求分析

习近平总书记指出中国正处于实现中华民族伟大复兴的关键时期，

新的发展阶段提出了新的发展理念和新的发展格局，也对高等教育提出了新的改革要求。我们培养的人既要具有家国情怀，坚持爱国和爱党、爱社会主义相统一，扎根人民、奉献国家；又要具有国际视野，坚持融通中外、兼济天下，在世界变革中把握人类社会发展趋势，为构建人类命运共同体贡献智慧和力量。汉语国际教育本科专业以培养国际中文教师为主要任务，面向国际输送站在世界各国舞台上讲述中国故事、传播中国语言文化的"排头兵"，具有鲜明的"面向国际""融通文化""言说中国"的职业特色。

当今世界正经历百年未有之大变局，我国发展面临的国内外环境发生深刻复杂变化（习近平，2020），新冠疫情加剧了大变局的演变，国际环境日趋复杂（习近平，2020），国际中文教育经过十多年前所未有的大发展之后出现"高位震荡"（吴勇毅，2020）。新的国际时局与国际关系重组，凸显了汉语国际教育本科专业人才培养中"政治、思想、价值、态度"等要素的重要性。突出"立德树人"的价值引领，厚植爱国主义与家国情怀，坚定学生理想信念与文化自信，增强人文底蕴与综合素养，引导学生正确认识世界与国际比较，正确解读中国特色与发展大势，明确历史使命与时代责任，理应成为课程教学的重要价值目标。

（二）课程定位分析

《汉语国际教育概论》是汉语国际教育本科专业核心课，在专业培养方案课程体系中，开设于现代汉语、语言学概论、教育心理学、语言教学法等学科基础理论课之后，第二语言课堂教学专题、语法与语法教学等教学实践类课程之前。就课程内容而论，课程融汇语言学、心理学、教育学等学科基础理论，构建汉语国际教育学科框架体系，介绍第二语言习得理论、教学理论及教学设计、课程、教材、语言测试等理论知识，探究汉语国际传播及汉语教学实践中涉及的理论应用、课程组织管理、教学设计等内容，以帮助学生形成教学基本技能，奠定学科素养为目的。从课程性质看，《汉语国际教育概论》是一门学科理论课，呈现专业导向性和鲜明的专业特色，具有显化学科体系、深化学科认知、理论引领实践的关键作用。

从专业培养方案中的五育课程设置与开设情况看，德育、体育、美育课程已有序实施3个学期，学生的三育知识与技能获得了一些积累，大部分劳育实践尚未全面开展，正是学以致用、融合育人的黄金契机（如图1所示）。

（三）学生需求分析

好的课程设计应符合学生的发展状态和学习需要，针对学生的学习问题和困难，能促进学生有效学习（赵炬明，2020）。对学生发展状态、学习需求、学习问题与困难的分析是"以学生为中心"的课程设计的必备要素。《汉语国际教育概论》开设于大学二年级下学期（第4学期），学生在经历大学一年半的学习生活后，学习状态稳定下来，学习生活趋于常态化、平淡化，学生没有了新生入校时的兴奋与紧张，也还未感受到毕业、升学及就业的压力，相对丰富的校园文化生活与人际交往状态容易冲淡学生的学习动力与进取心，学生学习目标略有淡化，学习倦怠，兴趣低落，自主性与创新性明显降低。此阶段前期，学生以学习本学科理论课为主要任务，虽初步掌握了该学科各基础领域的理论知识，但学习内容的基础理论化往往造成学生专业认知不深，专业情感不厚，学习动力与理想信念淡化。《汉语国际教育概论》专业指向性强，融合基础理论，指导专业实践，具有融知启智的作用，有利于学生加深专业认知和专业情感，激发学习热情，重塑并坚定职业理想。

四　课程设计思路

世界新格局、中国新发展、专业新需求、课程新定位及学生新状态对《汉语国际教育概论》课程设计提出了新的改革要求，以立德树人为导向，以专业知识为支撑，辐射体、美、劳三育，健全课程五育，是应时、应势、应人之举。

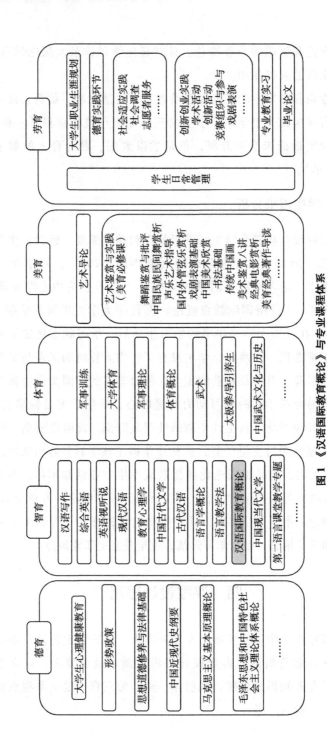

图 1 《汉语国际教育概论》与专业课程体系

（一）对标专业培养，厘清三维目标

作为汉语国际教育本科专业的核心课，《汉语国际教育概论》课程目标应面向国家发展战略，以国际汉语教师职业需求为导向，精准对标专业培养目标与要求，围绕"知识传授、能力培养、价值引领"三位一体教育理念，厘清课程三维目标，整合成课程总目标（如图2所示）。课程目标在知识维度上是：明晰汉语国际教育的学科内涵与架构，巩固融汇语言学、教育学、心理学、文化学、第二语言习得等基础理论知识，掌握汉语国际教育领域课程设置、教材编评、教学设计、语言测评等基本知识。能力维度上是：通过相关知识的学习，深化强化学生的学科意识及科学理论分析与评价能力，具有全方位汉语教学能力和基本的武术及文化传播能力，具有宽广的国际视野、较好的跨文化沟通能力，具备较高的人文素养、信息素养及教学综合素养，并进一步提高自主学习、合作探究及结构化、批判性理论思维能力。价值维度上是：紧扣时代主题，面向国家战略需求，以我国汉语教学的历史沿革及在学术思想、文化教育等领域取得的成就坚定学生职业理想信念，激发家国情怀，增强文化自信；以中外语言接触、汉语国际传播的发展历程和各学科学术思潮碰撞与更迭，展现思想文化交流与融合，扶助学生树立正确的世界观，理解文明交流互鉴与人类命运共同体建设的内在逻辑，强化责任担当意识与创新精神；以国际汉语教学与文化传播的历史进程与优秀案例，培育高尚的师德师风及优良的师姿师态；从而强化立德树人、三全育人，培养未来在国际舞台传播中国文化，讲述中国故事的"先锋军"。

（二）链式提问，解构知识框架

结合课程知识维度分目标，围绕学生的专业认知与职业需求，通过问题链"是什么？""做什么？""如何做？"，回答"学习汉语国际教育专业后，学生能成为什么样的人？""具体职业是什么？""工作对象是谁？""工作内容有哪些？""从哪几个方面开展工作？""需要具备哪些

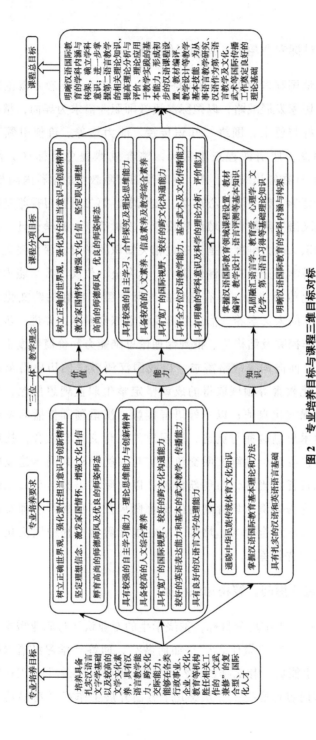

图 2　专业培养目标与课程三维目标对标

知识和能力?"等一系列问题,解析课程目标,构建课程体系,梳理出学科内涵、学科体系、对外汉语教学的语言学基础、对外汉语教学的教育学基础、对外汉语教学的心理学基础、对外汉语教学的文化学基础、语言习得理论、第二语言习得研究、对外汉语教学总体设计、课程论、教学论、教材论、现代教育技术及语言测试,共计三章,14 节,形成课程框架目录。其中三章内容分别为:绪论、基础理论、教学理论,与课程三大知识目标相匹配,并通过进一步解析对标课程能力培养目标,实现课程内容与目标精准对接(如图 3 所示)。

(三)聚焦情境,挖掘德育内涵

以"专业知识"为线索开展"导入、讲解、分析、运用"的课程讲授模式重在格物致知,偏于智育,弱于对学生自主学习、团队合作、思辨创新、解决问题等能力的培养,更缺乏对德政价值的揭示和身体力行、知行合一方面的引导与实践,德、体、美、劳四育缺位严重。创设与专业相关的真实情境能够融汇知识,聚焦智育能力学以致用,更能在具体问题、真实情境中,通过提出问题、分析问题、解决问题的过程淬炼出隐含在语言学、教育学、文化学等人文类基础学科下的关于科学真理、人类发展、生产实践、美学意趣等四育隐性要素,进而凝聚德、智、体、美、劳五育,促使学生面对真实问题,深入具体情境,脑体并用,调查分析,知行合一,解决问题。

例如课程第一章绪论第一节学科内涵,为学生提供"对外汉语教学""汉语国际教育""国际中文教育"三个发展阶段的学科名称,以及四封与本学科相关的习近平总书记回信内容——"2018 年 8 月 28 日习近平给参加'一带一路'青年创意与遗产论坛的青年代表回信""2019 年 3 月 17 日习近平主席给意大利罗马国立住读学校师生回信""2020 年 2 月 15 日习近平复信美国犹他州小学生""2020 年 5 月 17 日习近平给北京科技大学全体巴基斯坦留学生回信",构拟"学科语境",促使学生通过史今两个真实情境,解析学科名称、性质、特点、任务、定位 5 个知识要素,以知启智,明晰智育内涵,引导智育发展,即掌握

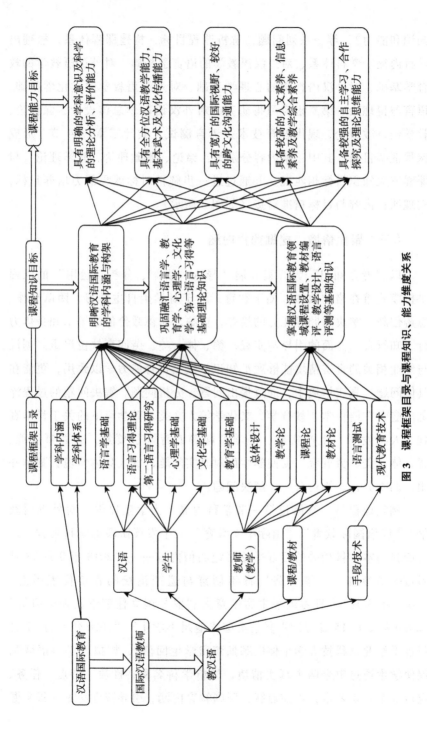

图 3 课程框架目录与课程知识、能力维度关系

学科内涵，增强专业认知；提高识别提炼、对比分析、整合加工等信息操作能力；提高结构性、批判性思维能力。基于情境，以智树德。学生在探究学科名称演变的过程中，运用马克思唯物主义历史观、发展观和辩证法思考学科发展史，树立学科意识，深化专业认知；通过对习近平总书记四封回信的语言分析，明确学科性质特点，重构学科任务，强化学生正确的世界观、价值观，促进学生理解人类命运共同体的内在逻辑与蕴含。情境深化了智育，显化了德育，学生在知识的探索过程中，运用德育知识，解读德育内涵，提升德政能力，即运用马克思主义唯物史观，全面、辩证、发展、实践地看待并分析问题；进一步端正学习态度，培养科学探索精神，严谨治学行为；激发专业情怀，加深专业情感；树立远大的职业理想与责任担当意识等。

（四）项目引领，推进五育融合

在五育融合视域下，德智体美劳"五育"的关系可以阐释为"德"是"核心"，"智"是"基石"，"体"是"保障"，"劳"是"实践"，"美"是"心境"。"立德树人"作为当今教育的根本任务，体现"培养什么样的人"的根本目标，是德育工作的重点任务，起着价值引领的重要作用。知识点在现行的学科课程体系中是显性要素，以知识为抓手，有利于智育内容的深化及对其他四育内容的挖掘。体育强调具身性、体育锻炼、身健体康、脑体和谐、意志坚韧是体育的重要内容，是实现"智体美劳"四育的体能保障。美育重在美感、强调美妙，是身心合一、内外和谐、天人合一的境界，体现为一种具有审美意趣的心境。劳动作为人类生存发展的基础，是人类运用心智作用于客体达到主观能动作用的改造自然的过程，既包括脑力劳动，也包含体力劳动，其内涵重实践，精要在过程。

在学科专业课程教学中，智育内容多为显性，德育要素常于内隐，而"体美劳"三育因其具身性、感官性和过程性及与智育的联系不显著、不紧密而被忽视和省去。课程"五育"以智育为基础，以德育为引领，德智两端抓，三育贯而穿，能够有效导入"三育"教育，实现三育的潜移默化、润物无声。联系德、智两育，串联体、美、劳三育的有效手段首推项目式教学。"项目式教学是一种在项目任务驱动下，通过小组交流合作共同完成项目任务的新型教学模式（丁世强等，2020）。项目式教学基于学生现有知识和能力水平，将学科知识通过重排、整编，转化成项目任务，学生以自主学习、小组协作等方式开展学习，完成任务。项目化教学设计，强化实践性、体验性，深度融合理论知识与实践操作，搭建"知识、能力、价值"之梯，是贯通体、美、劳三育的有效教学方式。

例如在课程第三章教学理论，第二节对外汉语课程论中，基于外国大学在寒暑假推行语言实践或学科交流项目，组织学生到中国访学交流的真实情境，设置项目："为美国普渡大学运动康复专业本科生设计一份详细的短期中国访学交流项目方案"。学生为完成这一项目，需要回忆提取关于课程设计的内容知识要点，细化出具体的教学对象、课程目标、课程框架等，将知识点融入既定的真实情境中，理论用于实践，并指导实践，开展项目设计，其间对涉及的美国短期访学项目设计与管理、美国学生特点、运动康复、运动生理、英语、汉语、中医与中国传统文化的关系等开展调研，通过小组分工合作、调查研究、交流讨论、设计制作、汇报表演等活动完成一份方案作品。学生在方案设计、项目实施过程中，通过解读中美学生特点、中美社会文化、中西医文化，开展中美文化比较与跨文化沟通实践，进而加深理解中美两国国际关系，提升中国传统文化自豪感，增强民族自信与文化自信，并深化人类命运共同体等价值理念。学生的课堂出勤、听课的坐姿、回答问题的身姿站姿、外出调研的体能、遇到难题坚持不懈迎难而上的意志品质、成果汇报时的手势体态都是对"体育"的诠释与锻炼。整个项目的筹划与实施就是脑力劳动与体力劳动的结合，是劳育的过程。外出调研时，小组成员之间在生活、学习上互助；上课前后班级值日生完成维护教室设备、协助记录考勤、收发作业等服务都是劳育的展现。学生们以理论促实践，以实践促认知，做中学，学中悟，悟后做，做后明，在真实情境和项目体验中将学科知识与综合素养、身体健康与意志品质通过脑力、体力实践活动，凝结成文，形成精神成果；成果的创作是审美、解美、至美的过程，学生在实践创作中身心合一，感受合作的快乐、思辨的美妙、成功的愉悦，美育的正能量。项目化课程设计，以知启智、以智树德、以智固体、以智显美、以智促劳，能够有效实现智育反哺，德育引领，五育融合。

（五）第二课堂，生发五育功用

习近平总书记 2016 年 12 月在全国高校思想政治工作会议上提出："要重视和加强第二课堂建设，重视实践育人。""要创新方式，拓展途径，为学生参与社会实践创造更多机会和舞台。"第二课堂作为高校人才培养的载体，是对第一课堂教学的补充和延展。第二课堂以校园生活为主要场景开展教育实践活动，具有内容丰富、形式多样、参与广泛、自主性强、实践性突出等特点，是培育德智体美劳全面发展的社会主义建设者和接班人的"孵化器"与"助推器"。

第二课堂是学生完成项目任务，开展社会实践、学术研讨、创新创业、竞赛演出等活动的重要教育生态圈，延伸了第一课堂教学的时间、空间与育人维度，有效落实全过程、全时空、全方位，多维立体育人。例如在完成学科内涵和基础理论的课程教学后，利用学生课余时间，融合"知识竞赛"与"趣味运动会"两种形式组织一场"文体竞赛"，考查学生理论知识掌握情况，锻炼学生身体协调性与敏捷性，检验团队沟通与合作能力。学生在筹备设计、组织管理、参与竞赛等环节中，巩固所学理论知识，锻炼体力，协调眼、脑、口、耳、心、手、脚，开展团队训练与协作，培养积极向上与良性竞争心态，树立正确的科学观、人生观、价值观。

（六）作品展演，评价五育效果

学习作品指基于真实情境，依托项目教学，形成的个人或小组学习成果，包括物质产品和精神作品，如竞赛演出、文案文稿、文艺创编等，可采用文字、音视频等多种形式。作品展演是作品创制个人或团队对作品的呈现与展示，以学习作品评定五育效果，体现了评价的真实性、过程化，显化了五育协同性。如前述以学科内涵为教学内容的第一章绪论，项目设置为：为埃及开罗孔子学院设计一个院标 Logo。Logo 即为学习作品，项目结束后，举办一场 Logo 竞标会，在竞标会上，由创作个人或团队展示 Logo 作品并介绍设计思路，然后由全体学生投票选出中标作品。Logo 设计提出了真实的问题情境，竞标营造出挑战性与竞争性氛围，学生在项目过程中，需要以正确的世界观、价值观为导向，综合考虑历史、地理、语言、文化、教育、美术、宗教等多元复杂因素，手脑并用，身体力行。PPT 课件或视频的制作，讲演文稿的设计与撰写，作品展示与解读过程中的衣着姿态、表情手势、语音语调等践行了价值、知识、体能、审美与创造，融汇了德、智、体、美、劳育人五维度。全员票选体现了真实性、过程性、整体性、协同性、公平性，对学生知识的完整性、全面性、价值取向与道德品质、审美意趣与审美追求等方面都具有观测和评定意义（如图 4 所示）。

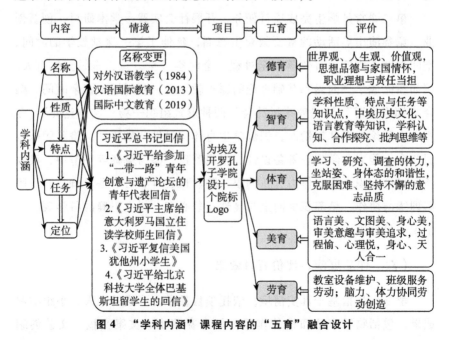

图4 "学科内涵"课程内容的"五育"融合设计

五 小结

"五育融合"是新时期我国教育教学改革的基本方向，它寻求学校课程、教学、组织、管理的"一体化"转变（刘登晖、李华，2020）。其宏观顶层设计、中观整体构建都需要国家指引、学校革新，而五育的最终落地实施更需基层教育工作者，尤其是一线课程教师进一步转变思想，与时俱进，敢于创新，勇于实践。《汉语国际教育概论》课程设计，以"五育融合"为视角，以学科真实情境为依托，协同第二课堂，开展项目式教学，以知启智、以智树德、以智固体、以智显美、以智促劳，既是学科课程思政的落实延展，也是课程"五育"的探索性尝试，为微观的五育教育提供群众智慧与个性化基层解决方案。

参考文献：

［1］习近平．坚持中国特色社会主义教育发展道路 培养德智体美劳全面发展的社会主义建设者和接班人．新华网．http：//www.xinhuanet.com/politics/leaders/2018-09/10/c_1123408400.htm，2018-09-10.

［2］教育部．中共中央 国务院关于深化教育教学改革全面提高义务教育质量的意见．http：//www.moe.gov.cn/jyb_xxgk/moe_1777/moe_1778/201907/t20190708_389416.html，2019-6-23.

［3］宁本涛．"五育融合"与中国基础教育生态重建［J］．中国电化教育，2020，（5）：1-5.

［4］李政涛，文娟．"五育融合"与新时代"教育新体系"的构建［J］．中国电化教育，2020，（3）：7-16.

［5］鞠玉翠．基于真实情境问题的评价何以促进五育融合［J］．中国电化教育，2021，（1）：14-19.

［6］习近平：在科学家座谈会上的讲话．新华网．http：//www.xinhuanet.com/politics/leaders/2020-09/11/c_1126483997.htm，2020-9-11.

［7］习近平．在基层代表座谈会上的讲话．新华网．http：//www.xinhuanet.com/politics/leaders/2020-09/19/c_1126514697.htm，2020-9-19.

［8］吴勇毅.国际中文教育"十四五"展望.国际汉语教学研究［J］.2020，（4）：
9-15.

［9］赵炬明.什么是好的课程设计［J］.高等教育研究，2020，（9）：84-87.

［10］丁世强，王平升，赵可云，阎昭斐，杨鑫.面向计算思维能力发展的项目式
教学研究［J］.现代教育技术，2020，（9）：49-55.

［11］习近平.习近平总书记在全国高校思想政治工作会议上的重要讲话.人民日
报，2016-12-09-（01 版）.

［12］刘登珲，李华."五育融合"的内涵、框架与实现［J］.中国教育科学，
2020，（5）：85-91.

Curriculum Reconstruction Design of the Course "Introduction to Teaching Chinese to Speakers of Other Languages" from the Perspective of "the Integration of Moral, Intellectual, Physical, Aesthetic and Labor Education"

Kuang Xin

(School of International Education and Exchange,
Beijing Sport University, Beijing, 100084)

Abstract："Introduction of Teaching Chinese to Speakers of Other Languages" is a core course for undergraduate majoring in Chinese International Education. This study focuses on the three in one educational philosophy of "knowledge imparting, ability cultivation, and value guidance", following the curriculum design concept of "knowledge, intellectual education, moral education, three education, five education". Through professional needs analysis, curriculum positioning analysis, and student needs analysis, the "Five Education" design concept of the course "Introduction of Teaching Chinese to Speakers of Other Languages" is proposed: benchmarking professional training and clarifying three-dimensional goals; Chain questioning, deconstructing knowledge frameworks; Focus on the real situation and explore the connotation of moral education; Leading the project teaching and promoting the integration of the five educations; Developing five educational functions through extracurricular activities; Utilize the exhibition and performance of works to evaluate the effectiveness of the five educations. The course reconstruction design explores the integration mode of five education, providing case references for the design of undergraduate's and master's courses majoring in international Chinese education.

Keywords: the Integration of Moral, Intellectual, Physical, Aesthetic and Labor Education; Curriculum Design; Teaching Chinese to Speakers of Other Languages

汉语二语书面语句法复杂度的文体效应[*]

张迎宝　林思敏^{**}

摘　要 | 对日本汉语学习者三种文体书面语句法复杂度十一个指标的比较结果发现，句法复杂度呈现出明显的文体效应。记叙文的 TC 单位平均长度、小句使用密度、定状补语密度和复杂名词短语占比显著高于其他两种文体；议论文在句法结构等级、小句均长两个方面，展示出其文体优势，但在复杂 TC 单位占比、复杂与简单 TC 单位比率、零形成分密度三个指标上显著低于记叙文与应用文；应用文则在 TC 单位平均长度、小句均长、定状补语密度、名词前复杂修饰成分总长度、复杂名词短语总个数五个指标上显著低于其他文体。日本汉语学习者不同文体书面语在句法复杂度的不同维度上是各有所长的。不同文体书面语句法复杂度的文体效应，遵循着类聚—象似原则，主要受到口语性/书面性、时间性/逻辑性、叙事性/说理性三组参数的影响。以上发现对汉语二语写作训练的文体选择具有一定的参考价值。

---

* 本文是教育部人文社会科学研究项目"汉语作为第二语言学习者句法复杂度的评估指标与自动测量研究"（20YJC740099）、国家社科后期资助项目"汉语二语学习者篇章宏观信息结构习得对比研究"（22FYYB042）阶段性成果。

** 张迎宝，博士，广州大学人文学院讲师，主要研究方向为国际中文教育、二语习得；林思敏，北京语言大学硕士在读，主要研究方向为国际中文教育。

| 关键词 | 汉语二语书面语；日本汉语学习者；句法复杂度；文体效应 |

一 引言

句法复杂度（syntactic complexity），又称句法成熟度（syntactic maturity），是指语言产出中句法结构的多样性及复杂性程度（Wolfe-Quintero et al.，1998；Ortega，2003），是衡量二语学习者句法能力发展层级、句法结构发展成熟度的核心参数，在语言测试、语言教学以及二语习得领域具有重要的研究意义。

近年来，随着研究的深入，学界开始关注二语句法复杂度的各种制约要素，"文体"即是其中之一。对于这一问题，以英语二语学习者作为观察对象的研究成果较多。沈金花、鲍贵（2010）考察了文体对句长的影响，发现议论文的句长显著高于叙述文，文体对句法长度具有显著效应。Lu（2011）采用 13 个指标对英语学习者叙述文与议论文的句法复杂度进行了比较。结果显示，后者在 12 个指标上的均值显著高于前者，展示出更高的复杂性。Ruiz-Funes（2015）发现议论文的句子长度与复杂度要高于记叙与描写类文体，而造成这种状况的原因是前者需要更多的逻辑推理。Qin & Uccelli（2016）研究了母语为汉语的中学生叙述文与议论文的词汇、句法差异，统计结果显示议论文的小句更长，并且倾向于使用更多的复杂词汇。Yoon & Polio（2017）采用纵向历时研究法，通过对英语二语学习者长达 4 个月的观察，发现叙述文中使用的从属句数量高于议论文，而议论文中使用的复杂词组高于叙述文。之后，裴丽霞（2019）、王婉莹（2019）、曹聪（2020）、朱周晔和王金铨（2020）等学者的研究也相继提出了较为一致的观点：议论文的句法复杂度总体高于叙述文，文体对句法复杂度具有明显的制约效应。

汉语的语言类型和句法特征与印欧语存在很大的差异。为了揭示文体对汉语二语句法复杂度的制约作用，汉语学界也对该课题进行了积极的探索。研究结果总体分为两类。一类认为文体对汉语二语句法复杂度具有显著效应。袁芳远（2010）认为中级汉语学习者议论文的复杂度要高于叙述文，尤其是分句长度，具有显著优势。亓海峰、廖建玲（2019）发现叙述文的代词使用比率高于议论文，但议论文的连词使用率、T 单位长度均显著高于叙述文，文体类型会显著影响句法复杂度。吴继峰（2019）将记叙文细分为写人和写景两类，并比较了其与议论文的差异。研究发现议论文 T 单位长度显著高于两类记叙文，但话题链数和分句总数、零形成分数显著低于写人记叙文，复杂名词短语总个数和比率、名词前复杂修饰成分总长度显著低于写景记叙文。另一类认为句法复杂度的文体制约效应并不显著。代表性研究是师文、陈静（2019），该文选用话题链数量作为测量指标，统计结果显示叙事文与议论文的句法复杂度"未表现出显著的体裁差异"，不过作者也认为，出现这种结果可能与实验选用的测量指标性质与数量有关。

总的来看，学界多数研究认为句法复杂度是存在文体效应的，特别是针对不同语言背景二语学习者叙述文与议论文的研究，关注度高，成果丰富，为我们的进一步探索提供了良好的基础。当然，目前研究也留下了一些值得我们继续探讨的问题。首先是针对汉语二语的研究，由于多数实验选用的句法复杂度指标偏少，性质单一，覆盖面窄，造成了各家的观点不一，结论相左，比如师文、陈静（2019）就得出了与其他研究相反的结论。其次，一些研究选用的部分测量指标，存在比附印欧语的倾向，可能存在无法有效反映汉语类型特点的问题。最后，对叙述文、议论文之外的其他文体，关注较少。

鉴于以上，本文拟在已有研究的基础之上，从以下几个方面进行进一步的补充、优化与拓展。一是采用更能反映汉语"话题突出"类型特征的"话题—评述单位"（Terminable Topic-comment Unit，TC 单位）及其相关指标，进行测量；二是优化指标的数量、类型与覆盖面，纳入四个层面（总体层、句子层、短语层、特殊形式）、两种性质（粗颗粒和细颗粒）的十一种不同指标，提升测量的全面性与科学性；三是拓展文体的比较类型，在记叙文、议论文之外，增加应用文，深化、拓展已有研究。此外，为了减少母语背景差异可能带来的影响，所有的语料均来自日本汉语学习者。

二　研究设计

（一）研究问题

本研究以日本汉语学习者为观察对象，通过分析其产出的记叙文、议论文、应用文语篇，考察文体类型对其书面语句法复杂度的制约效应，具体研究问题如下。

（1）记叙文、议论文、应用文在十一个句法复杂度指标上的表现如何？

（2）十一个句法复杂度指标中，三种文体中哪些存在显著差异，哪些无显著差异？

（3）不同文体间句法复杂度的差异主要受到哪些因素的影响？这些因素是如何影响书面语句法复杂度的？

（二）语料来源与前期处理

本研究的语料来自北京语言大学"HSK 动态作文语料库 2.0 版"，该语料库内的语料均为限时考试作文，产出方式一致，参试者均为中高水平汉语学习者，对于本文来讲，是较为理想的书面语文本来源。为了进一步减少"文体"之外的其他变量可能带来的影响，我们对所选语料的母语背景进行了一致化处理，所选作文均来自日本汉语学习者，各文体的作文数量与题目也进行了统一。具体如下：记叙文 30 篇，题目皆为《我的一个假期》，议论文 30 篇，皆为《如何看待"安乐死"》；应用文 30 篇，皆为《一封写给父母的信》。同时，为保证语料内部的均衡性，每种文体在 60~65 分、70~75 分、80~85 分三个分段上各随机抽取作文 10 篇，分布见表 1。

表 1　研究样本在各个分值段上的分布情况

单位：篇

文体	题目	60~65 分段	70~75 分段	80~85 分段	小计
记叙文	我的一个假期	10	10	10	30
议论文	如何看待"安乐死"	10	10	10	30
应用文	一封写给父母的信	10	10	10	30

前期，语料主要做两方面的处理。一是转写，将语料库中的作文原始扫描件转写为可以进行标注、分析的 word 文本形式；二是纠正错别字，将语篇中的所有错字、别字改为正确的汉字。

（三）测量维度与指标

本文采用的十一个测量指标涵盖了总体层、句子（小句）层、短语层和特殊形式四个维度，涉及粗颗粒度和细颗粒度两种属性（见表 2）。① 粗颗粒度指标主要选用 Jin（2007）、吴继峰（2016、2017、2021）、Yu（2016、2021）等学者基于汉语"话题突出"特点，以"话题—评述"单位（Terminable Topic-comment Unit，为方便称说，下文简称 TC 单位）为基础构拟的系列测量指标；细颗粒度指标选用吴继峰（2021）

---

① 需要说明的是，汉语二语句法复杂度是一个多层次、多维度的复杂系统，其测量体系到底包含了哪些具体指标？哪些效度高？哪些效度低？对于这些问题，学界实际尚未形成统一的结论，很多课题也处于探索、验证之中。受制于目前的研究现状，本文只能尽最大努力从不同维度、属性出发，选择学界已经验证的、可体现汉语语言类型的、可适用于汉语二语写作实际情况的一系列核心指标作为本文测量的基础。也就是说，对于句法复杂度测量来说，本文所选的指标不是穷尽性的，也很难保证可以无遗漏地照顾到所有维度、所有层面。比如，外审专家提出的关于"文言文成分会增加理解难度"的问题，就是非常重要的一个维度，但是本文并未设置、补充相应的测量指标。主要原因有二：一是如上所述，对于这个测量维度，二语学界尚未给出已经验证的、可具操作性的、具有效度信度的测算指标；二是从日本留学生书面语写作的实际情况来看，其中包含的文言成分较少，缺少该指标，对本文的总体测量结果影响不大。

提出并验证有效的名词短语相关指标。①

表 2　句法复杂度的测量维度、指标、来源与计算方法

维度	指标	计算方法	指标来源
总体层	TC 单位平均长度	TC 单位总字数/TC 单位总个数	Jin（2007）；Yu（2016、2021）
	复杂 TC 单位占比	复杂 TC 单位数量/全部 TC 单位总数	
	复杂 TC 单位与简单 TC 单位的比率	复杂 TC 单位数量/简单 TC 单位数量	
	句法结构平均等级	句法结构等级总和/句法结构总数	《国际中文教育中文水平等级标准》
句子（小句）层	TC 单位小句的平均长度	TC 单位所含小句的总字数/小句总数	Jin（2007）；Yu（2016、2021）
	TC 单位小句的使用密度	TC 单位所含小句总数/TC 单位总数	
	定、状、补语的总使用密度	定、状、补语的总个数/TC 单位小句总数	
短语层	名词前复杂修饰成分总长度*	每篇作文中名词前复杂修饰成分修饰语的总字数	吴继峰（2021）
	复杂名词短语总个数*	每篇作文中复杂名词短语的个数	
	复杂名词短语比率*	复杂名词短语总个数/名词短语总数	
特殊形式	零形成分使用密度	每篇作文中零形成分的总个数	Jin（2007）；吴继峰（2016、2017）

说明：表 2 中带"＊"的为细颗粒度指标，其余未标注"＊"的为粗颗粒度指标。

（四）测量指标的操作定义与计算

1. 粗颗粒度指标

（1）"TC 单位小句""TC 单位"的操作定义及其相关指标计算。

Yu（2016、2021）将"TC 单位小句"（Single Topic-comment Unit）定义为"汉语句法复杂度小句层面的分析单元，指 TC 单位中包含的每一个单独的'话题—评述'结构"；将"TC 单位"（Terminable Topic-

① 研究发现与粗颗粒度指标相比较，细颗粒度指标对句法层级的测量精度更高，更能有效预测汉语二语的写作质量。

comment Unit）定义为"汉语句法复杂度句子层面的分析单位，指一个最小的可终止'TC 单位小句'（Terminable Single Topic-comment Unit）或者一个话题链（Topic chain）"。TC 单位分为两种类型，一种是"简单 TC 单位"，仅包含一个独立 TC 单位小句；一种是"复杂 TC 单位"，也就是话题链，包含两个或两个以上的非独立 TC 单位小句。

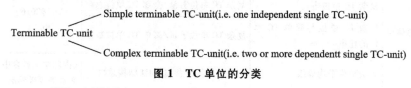

图 1 TC 单位的分类

说明：上图转引自 Yu（2021）第 69 页。

下面，我们通过两个例子对以上几组概念及其关系进行说明。

①桂林$_i$ 实在太美了（独立小句$_1$）。（JX651）

②我$_i$ 心里很着急（非独立小句$_1$），$\varnothing_i$ 东南西北也分不清（非独立小句$_2$），$\varnothing_i$ 感到不安（非独立小句$_3$），$\varnothing_i$ 不由得落起眼泪来（非独立小句$_4$）。（JX753）

例①是一个"简单 TC 单位"，由一个独立 TC 单位小句构成，其话题部分是"桂林"，评述部分是"实在太美了"，话题"桂林"未以零形成分形式出现。例②是一个"复杂 TC 单位"，即话题链，由四个非独立 TC 单位小句构成，话题"我"仅出现在第一个小句的句首，在之后的三个小句中，话题以零形成分替代，不具备任何语音形式。

本文采用的句法复杂度指标中，与 TC 单位、TC 单位小句高度相关的指标共有 TC 单位平均长度、复杂 TC 单位占比、复杂 TC 单位与简单 TC 单位比率、TC 单位小句平均长度、TC 单位小句使用密度、零形成分使用密度六个，其计算方式见表 2。

（2）句法成分使用密度的计算。

我们选用的句法成分使用密度指标是定、状、补语的总使用密度。

具体操作中，研究小组首先采用句子成分分析法，提取出每个 TC 单位小句中的定、状、补语成分，然后计算各种句法成分的总数，最后使用公式"定、状、补语的总个数/TC 单位小句总数"计算使用密度。比如：

③我［吃米饭的时候］［不知不觉］地想〈起来〉了（以前）的记忆。（JX602）

例③是一个独立 TC 单位小句，包含了 1 个定语，2 个状语和 1 个补语成分。

（3）句法结构平均等级。

句法结构平均等级指的是语篇中出现的主要句法结构的等级平均值。句法等级的评价依据是国家语言文字工作委员会 2021 年 7 月 1 日实施的《国际中文教育中文水平等级标准》（下文简称《标准》）。具体操作如下：首先，研究小组确定每篇作文中使用的主要句法结构；其次，依据《标准》对所有句法结构的水平等级进行标注、赋值；最后，计算句法结构平均等级，计算公式为"所有句法结构的等级总和/句法结构总数"。比如：

④这一次是非常非常重要的。（YY653）
⑤他们被警察逮捕了。（YL605）

例④属于"是……的"句式，功能是强调说话人的看法或态度，查阅《标准》，其句法等级为 4 级；例⑤属于"主语+被+施事+动词+其他成分"的被动句，句法等级为 3 级。

2. 细颗粒度指标

本文使用的细颗粒度指标共有三个：名词前复杂修饰成分总长度、复杂名词短语总个数和复杂名词短语比率。复杂名词短语的操作定义借鉴邢福义（1996）、吴继峰（2021）的研究成果，主要包括"短语+名词"，例如"去北京的人"；"小句+名词"，例如"他们一起去旅游的机会";"多层定语+名词",例如"我的好朋友"三类。三个指标的具体计算方法见表2。

3. 测量指标的标准化

由于本研究使用的部分指标会受到作文长度的影响,为了弥补这种不足,使指标计算更为科学,研究小组将零形成分使用密度、名词前复杂修饰成分总长度、复杂名词短语总个数三个指标的原始数据标准化为每100字的使用频率。标准化公式为:(原始统计数据÷每篇作文的总字符数)×100。以零形成分使用密度为例,其标准化方法为:(每篇作文中零形成分的总数÷每篇作文的总字符数)×100。

(五)语料分析步骤

语料分析由本文的一作和二作共同完成。为了保持分析结果的一致性,两名分析人员,按照上文的测量指标操作定义与计算方法,从动态作文语料库中随机抽取了20份日本留学生作文,进行了测试性标注、分析。试标注结束后,研究小组对不一致的标注进行讨论,进一步统一标准。之后,两名分析人员各自对90篇作文的十一个句法复杂度指标进行标注和计算。两组分析结果的相关性检验显示,总体层指标和特殊形式的Perason相关系数均在0.82以上,句子(小句)层均在0.87以上,短语层的相关度均在0.9以上,一致度较高。最后,对分析不一致的地方,两名分析人员通过讨论最终确定。

(六)数据处理工具与手段

本文运用Microsoft Office Excel对各个句法复杂度测量指标的数据进行统计,使用SPSS 24.0中的One-way ANOVA进行文体效应检验。

三 研究结果

本部分主要从总体层、句子(小句)层、短语层和特殊形式四个方面呈现三种文体书面语句法复杂性指标的具体表现,并采用One-way

ANOVA 对各指标之间的文体差异进行比较与分析。

（一）三种文体句法复杂度总体层指标的表现与比较

TC 单位平均长度的主效应显著，F = 30.154，p = 0.000<0.05。多重比较发现，记叙文与议论文（p = 0.000<0.05）、应用文（p = 0.000<0.05）之间的差异显著；议论文与应用文（p = 0.001<0.05）之间也存在显著差异，即 TC 单位平均长度，记叙文显著高于议论文、应用文，议论文显著高于应用文。

复杂 TC 单位占比主效应显著，F = 17.075，p = 0.000<0.05。多重比较发现，记叙文与议论文（p = 0.000<0.05）、应用文与议论文（p = 0.000<0.05）之间均存在显著差异，即议论文的复杂 TC 单位占比显著低于记叙文和应用文。但记叙文与应用文（p = 0.206>0.05）两种文体间未呈现出显著差异。

复杂 TC 单位与简单 TC 单位的比率主效应显著，F = 15.903，p = 0.000<0.05。多重比较发现，议论文的比率均值显著低于记叙文（p = 0.000<0.05）和应用文（p = 0.000 < 0.05）。记叙文与应用文（p = 0.100>0.05）之间不存在显著差异。

句法结构平均等级主效应显著，F = 16.748，p = 0.000<0.05。多重比较发现，议论文与记叙文（p = 0.001 < 0.05）、应用文（p = 0.000 < 0.05）之间均存在显著差异，议论文的句法结构平均等级显著高于其他两种文体。记叙文与应用文（p = 0.077>0.05）两种文体之间不存在显著差异（见表 3）。

表 3　总体层测量指标的均值、标准差与多重比较结果*

文体类型	总体层测量指标			
	TC 单位平均长度	复杂 TC 单位占比	复杂 TC 单位与简单 TC 单位的比率	句法结构平均等级
记叙文	16.0617 (9.7913) *a*	0.2414 (0.1295) *a*	0.3580 (0.2458) *a*	3.9660 (2.1581) *b*

文体类型	总体层测量指标			
	TC 单位平均长度	复杂 TC 单位占比	复杂 TC 单位与简单 TC 单位的比率	句法结构平均等级
议论文	13.9427 (6.8307) *b*	0.1021 (0.0591) *b*	0.1183 (0.0715) *b*	4.8457 (2.3737) *a*
应用文	12.6147 (6.9167) *c*	0.1911 (0.0772) *a*	0.2478 (0.1263) *a*	3.4859 (2.4365) *b*

注：表中括号内为标准差，括号前的为均值，括号后的字母为多重比较结果，任何存在相同字母的两组不存在显著差异，任何不存在相同字母的两组表示存在显著差异。

（二）三种文体句法复杂度句子层（小句）指标的表现与比较

TC 单位小句平均长度主效应显著，$F = 34.338$，$p = 0.000 < 0.05$。多重比较发现，应用文的小句均长显著低于记叙文（$p = 0.000 < 0.05$），和议论文（$p = 0.000 < 0.05$）。但记叙文与议论文之间未呈现出显著差异（$p = 0.491 > 0.05$）。

TC 单位小句使用密度主效应显著，$F = 13.458$，$p = 0.000 < 0.05$。多重比较发现，议论文的小句使用密度显著低于记叙文（$p = 0.000 < 0.05$）和应用文（$p = 0.000 < 0.05$），应用文的使用密度显著低于记叙文（$p = 0.046 < 0.05$）。

定、状、补语的总使用密度主效应显著，$F = 20.223$，$p = 0.000 < 0.05$。多重比较发现，记叙文的定、状、补语总使用密度显著高于议论文（$p = 0.004 < 0.05$）和应用文（$p = 0.000 < 0.05$），议论文显著高于应用文（$p = 0.013 < 0.05$）（见表4）。

表4　句子（小句）层测量指标的均值、标准差与多重比较结果*

文体类型	句子（小句）层测量指标		
	TC 单位小句平均长度	TC 单位小句使用密度	定、状、补语的总使用密度
记叙文	12.0408 (5.7966) *a*	1.3741 (0.2917) *a*	2.0639 (1.4550) *a*

续表

文体类型	句子（小句）层测量指标		
	TC 单位小句平均长度	TC 单位小句使用密度	定、状、补语的总使用密度
议 论 文	12.4247（5.7619）a	1.1249（0.0860）c	1.8185（1.4502）b
应 用 文	10.3079（4.9874）c	1.2297（0.1103）b	1.6325（1.2332）c

注：表中括号内为标准差，括号前的为均值，括号后的字母为多重比较结果，任何存在相同字母的两组不存在显著差异，任何不存在相同字母的两组表示存在显著差异。

（三）三种文体句法复杂度短语层指标的表现与比较

名词前复杂修饰成分总长度主效应显著，F = 10.772，p = 0.000 < 0.05。多重比较发现，应用文与记叙文（p = 0.000 < 0.05）、议论文（p = 0.002 < 0.05）之间存在显著差异，前者的复杂修饰成分总长度显著低于后两种文体。记叙文与议论文（p = 1.000 > 0.05）两种文体之间则未呈现出显著差异。

复杂名词短语总个数主效应显著，F = 9.633，p = 0.000 < 0.05。多重比较发现，应用文的均值显著低于记叙文（p = 0.002 < 0.05）和议论文（p = 0.001 < 0.05）。但记叙文与议论文（p = 0.974 > 0.05）之间无显著差异。

复杂名词短语占比主效应显著，F = 7.691，p = 0.001 < 0.05。多重比较发现，记叙文的复杂名词短语占比显著高于议论文（p = 0.032 < 0.05）与应用文（p = 0.003 < 0.05）。议论文与应用文（p = 0.379 > 0.05）两种文体之间无显著差异（见表5）。

表5 短语层测量指标的均值、标准差与多重比较结果*

文体类型	短语层测量指标		
	名词前复杂修饰成分总长度	复杂名词短语总个数	复杂名词短语占比
记 叙 文	16.3789（6.7090）a	2.5949（0.9088）a	0.4986（0.1410）a
议 论 文	15.1129（5.0402）a	2.5174（0.6324）a	0.4171（0.9259）b
应 用 文	10.0261（4.9039）b	1.7686（0.8484）b	0.3716（0.1415）b

注：表中括号内为标准差，括号前的为均值，括号后的字母为多重比较结果，任何存在相同字母的两组不存在显著差异，任何不存在相同字母的两组表示存在显著差异。

（四）三种文体句法复杂度特殊形式指标的表现与比较

零形成分使用密度主效应显著，F＝11.659，p＝0.000<0.05。多重比较发现，议论文的使用密度最低，显著低于记叙文（p＝0.000<0.05）和应用文（p＝0.000<0.05）。但记叙文与应用文（p＝0.788>0.05）两种文体之间未呈现出显著差异（见表6）。

表6　特殊形式测量指标的均值、标准差与多重比较结果 *

文体类型	记　叙　文	议　论　文	应　用　文
零形成分使用密度	2.2665（1.5097）a	0.9749（0.6782）b	1.9950（0.9167）a

注：表中括号内为标准差，括号前的为均值，括号后的字母为多重比较结果，任何存在相同字母的两组不存在显著差异，任何不存在相同字母的两组表示存在显著差异。

四　讨论与分析

本部分将在上文比较结果的基础上，分析句法复杂度指标文体异同的成因。

（一）与话题链相关的三个指标

复杂 TC 单位占比、复杂 TC 单位与简单 TC 单位的比率、零形成分使用密度，议论文显著低于其他两种文体，记叙文与应用文两者之间无显著差异。

以上发现与吴继峰（2019）的发现一致，但与师文、陈静（2019）的研究结果相左，后者发现复杂 TC 单位（话题链）数量并不存在文体间的差异。这种差异可能与两个因素相关：吴文和本研究的语料来自同一母语背景，师文、陈静（2019）则来自十二个国家，语料的异质程度可能影响测量结果；此外，师文、陈静（2019）未对使用的语料类型进行说明，而不同类型的语料在话题链使用量上是存在差异的，这也会影响到比较结果。下面，我们结合留学生的语料对本文的发现进行分析。

记叙文三个指标的均值最高。记叙文主要围绕人物活动、事件进程展开叙述（赵建中，1990），其叙述对象往往具有较强的凸显度、话题性与语义延续性（Longacre，1983；方梅，2013），这为复杂 TC 单位与零形成分的产生提供了相比其他文体更为充分的条件。这种特征表现在句法层面则是留学生易以某一人物或事物为话题，通过零形回指延续句子，展开话语，构建或长或短的话题链。比如：

⑥千叶县ᵢ在东京的东边，∅ᵢ比东京暖和。∅ᵢ西边靠海，∅ᵢ东边有山，∅ᵢ自然资源十分丰富，而且∅ᵢ名胜古迹也很多，∅ᵢ历史悠久的城市。（JX754）

例⑥中，"千叶县"是叙事对象，其后的分句使用了零形成分来回指话题"千叶县"，从而构成了一个包含七个小句、六个零形成分的话题链。

应用文的均值显著高于议论文，但未与记叙文形成显著差异。本研究使用的应用文语料是"一封写给父母的信"。家信主要用于家庭成员之间的信息与情感交流，除了问候、祝福之外，还会伴有不少叙事成分，比如生活、学习近况的叙述等，从而提高了叙事性成分的比重，增加了围绕某一主题持续展开话语的可能，提升了复杂 TC 单位与零形成分出现的概率。比如：

⑦那个时候，我ᵢ是个不见世面的小孩子，∅ᵢ一点也不能了解情况，∅ᵢ也不能考虑到你们的苦恼。（YY702）

例⑦是一段回忆性文字，作者叙述了小时候与父母相处的情况。整段话由一个包含了三个小句、两个零形成分的话题链构成。

议论文的均值显著低于其他两种文体。吴继峰（2019）认为该现象的主要成因在于议论文的论述一般基于普世道理，句子往往缺少显性的主语形式，构成要件的不足降低了话题链的出现可能。与吴文的观点不同，我们认为议论文的话题转换频率高、延续性弱应是关键因素。议论文以说理为主，缺少集中而凸显的叙述、描写对象，因此留学生较少针对同一话题持续展开叙述，更多的是从不同的角度摆事实、讲道理来论证核心观点。多样化的论证角度，增加了话题转变的频度，减弱了主题的延续性，也造成了话题链与零形成分的出现概率偏低。

⑧从法律的角度，我$_i$是倾向于严格执行法律的态度。因为不管哪个国家$_j$来做，∅$_j$执行法律必须严格。如果法律效果$_k$有问题，我们$_l$要修改条文，这样$_m$才能保持法律的权威性和合理性。（YL8510）

例⑧的首句以"我"为话题，表达了个人的观点。第二句的话题转换为"哪个国家"，从国家的角度来论证观点。其后分别以"法律效果""我们""这样"为话题，对论点进行了进一步阐释。整段论述沿着作者的论证思路展开，话题转换密集，并且每个话题的延续性均不太强，全部阐述仅包含了一个话题链，一个零形成分。

（二）句法成分指标

定、状、补语的总使用密度，记叙文显著高于议论文与应用文，议论文显著高于应用文。

记叙文的事件性、时间性强（方梅，2013），叙事性要素多，涉及对叙事时地、对象、事件、环境、细节等要素的叙述与描写，需要大量表时空、数量、领属、范围、频度、情态、性状、趋向等的定、状、补语成分来配合叙事与描写。因此，在三种文体中，各类修饰、说明成分的使用总密度最高。

⑨［十五年以前］，［我第一次来到中国的时候］，（四个城市中）的苏州和上海，［已经］去过了。（当时）的（这个江南旧都）的印象，尤其是（具体）的印象，我［现在］［几乎］想不

〈起来〉了。(JX602)

例⑨的句法成分既涉及对叙述对象范围、时空、领属、性状的描写，如"四个城市中""当时""这个江南旧都""具体"，也涉及对动作行为时间、程度、趋向等的说明，如"十五年以前""已经""几乎""起来"。

议论文以说理为主，在三种文体中事件性、时间性、叙事性最弱。这种文体特征反映在句法层面即为：复杂谓词性结构少，状语（均值0.8150，显著低于其他文体）、补语使用密度低。但由于议论文经常通过定语来引入论述对象、标记观点领属或表明作者的态度，比如例⑩~⑫，其定语的配置数量较多，二者的叠加效应使其修饰、说明成分的总密度在三种文体中处于中间位置，低于记叙文，但高于应用文。

⑩关于安乐死的问题，除了中国，世界各国都包含的问题。（YL602）

⑪被这样的原因杀死的人，自愿杀死了吗？（YL601）

⑫我通过这件事情觉得"安乐死"也是一种尊重病人的人权的选择。（YL653）

例⑩的定语引入了论述的对象"安乐死"；例⑪的定语限定了评价对象的范围；例⑫则通过定语"一种尊重病人的人权"表达了作者的态度。

家信属于应用文体，表达口语化，环境与细节描写少，句子简短，语言简练，各种修饰、说明成分少。尤其是定语，均值为0.4950，显著低于其他文体，这使得应用文的定、状、补语总密度显著低于其他两种文体。

（三）长度指标

TC单位小句平均长度，应用文显著低于记叙文与议论文，但记叙文、议论文之间无显著差异；TC 单位平均长度，记叙文显著高于议论文与应用文，议论文显著高于应用文。

1. TC 单位小句平均长度的文体差异分析

议论文的小句平均长度是三种文体中最长的。这与已有研究的发现一致（沈金花、鲍贵，2010；袁芳远，2010；Lu，2011；Qin & Uccelli，2016；吴继峰，2019)①。吴继峰（2019）的解释是：议论文经常采用介词结构和插入语，但是它们无法成为独立的分析单元，只能作为其中的一部分，从而拉伸了分析单元的长度。这种观察符合语言事实，但我们认为文体特征与内容属性应是更为深层的决定因素。议论文体的说理性较强，涉及诸多论说要素，留学生要通过独立成分、介词短语、复杂定语或长宾语等来引入讨论对象、标记观点来源、限定论述范围、阐述个人态度等，这必然会拉长小句的长度。比如上文例⑩～⑫中的定语、例⑬～⑭的独立成分、长宾语等。

⑬<u>正如文章中所说的那样</u>，有人说安乐死是可取的。（YL701）

⑭我承认<u>安乐死的最重要的原因是要求安乐死的人的痛苦大极了</u>。（YL755）

例⑬的独立成分表明了观点的来源；例⑭的画线部分通过一个句子充当的长宾语阐述了作者对安乐死原因的看法。

此外，议论文的复杂 TC 单位占比低，包含的非独立小句（话题链分句）数量少，也是小句均值较高的影响因素之一。因为非独立小句的话题多为零形成分，长度较短，如果话题链的比重高，分句多，会拉低小句的平均长度。

记叙文的 TC 单位小句均值略低于议论文，但未与议论文形成显著

① 需要说明的是，本文使用的基本长度单位为 "TC 单位小句"，已有研究采用的长度指标与本文并不完全一致，比如句子、分句、T 单位等。虽然名称各异，但从实际操作来看，切分后的主要实体依然是小句和句子，也就是说，这些不同研究之间是具有一定程度可比性的。

差异。如前文所述，记叙文的事件性强，叙事要素多，小句中会使用数量较多较长的时空成分、复杂修饰性成分、复杂动词性结构来配合叙事与描写，从而拉伸了小句的长度。比如例⑨中的长时间状语、例⑮~⑯画线部分的复杂定语和兼语结构。

　　⑮他给我介绍<u>公园里的风景比较好的地方的退休老人的</u>生活和自己家里的情况。（JX705）

　　⑯那充满活力、富有人情味的城市气息<u>使我这在早已失去这些气氛城市的人</u>感到格外亲切。（JX703）

　　应用文的 TC 单位小句均值显著低于其他两种文体，主要受到家信文体内容特征的影响，因为实用性强，正式性弱，表达口语化，所以复杂修饰成分少，句子简短。比如例⑰，虽有八个修饰成分，但均很简单、短小，最长的小句也仅有九个字符。统计数据也证明了这一点：无论是非独立还是独立小句，其均值皆大大低于其他文体。

　　⑰（亲爱）的父亲，您好！我［好久］［没］［给你］写信了，因为［最近］我［比较］忙，所以没有时间写。您［最近］过得〈怎么样〉？工作顺利吗？（YY605）

2. TC 单位平均长度的文体差异分析

　　TC 单位由简单和复杂 TC 单位两类构成。因此，其平均长度主要受到简单、复杂 TC 单位占比及均长四个因素的影响。复杂 TC 单位由多个分句组合而成，长度一般优于简单 TC 单位，占比越高，TC 单位均值越高；另外，简单、复杂 TC 单位长度均值越大，均值也会越高，即以上要素的此消彼长共同影响了文体之间的差异度。记叙文不仅复杂 TC 单位占比与均长远高于议论文，其简单 TC 单位的均长也略高于议论文，多重作用的叠加使记叙文显著高于议论文。应用文的复杂 TC 单位占比低于记叙文，高于议论文，但简单、复杂 TC 单位的均长皆远远低于其他两种文体，这种大幅度的差距使得应用文的 TC 单位均长显著低于其他两种文体。

（四） TC 单位小句使用密度

议论文的密度显著低于记叙文与应用文，应用文显著低于记叙文。

TC 单位小句使用密度，主要受复杂 TC 单位占比及其所含非独立小句的影响。[①] 如前文所述，受其文体特征的影响，议论文话题转换频度高、持续性弱。所以，其复杂 TC 单位占比仅为 10.21%，远低于其他两种文体（见表 3），分句含量也较少。两种因素的叠加使其小句密度显著低于记叙文与应用文。再看应用文，家信虽含有一定量的叙事成分，但情节简单、叙述简要，话题延续性不高。所以，在三种文体中，其复杂 TC 单位的平均小句含量最少，复杂 TC 单位所占比例（19.11%）也与居于首位的记叙文（24.14%）存在很大差距。二者综合，使应用文显著低于记叙文。

（五）句法等级指标

议论文的句法结构平均等级显著高于记叙文与应用文，记叙文与应用文之间无显著差异。以上结论与 Lu（2011）、Ruiz-Funes（2015）等的发现具有一致性。议论文以论证为主，相较于以叙述与描写为主的记叙文与应用文，其篇章构建中需要更多的认知加工与逻辑推理，句法表达上需要更多语法等级较高的单重复句甚至多重复句来表达逻辑语义关系，配合论证过程，从而造成了句法结构平均等级较高。

⑱如果得了一种不治之病的人自己愿意选择安乐死的办法的话，‖（假设）我们应该尊重他的决定，｜（因果）是因为在医

---

① TC 单位由简单 TC 单位和复杂 TC 单位两类构成，前者仅包含一个独立小句；后者包含了两个或两个以上的非独立小句，形式上表现为话题链。所以，TC 单位中小句使用密度，实际上主要是由复杂 TC 单位的占比及其所含分句数（非独立小句）决定的。

院等到死期的过程不但给生病的人很大的精神压力和痛苦，‖（递进）还有给他的家人经济压力。（YL804）

例⑱中，留学生使用了一个二重复句来论证自己对安乐死的看法。按照《标准》，这个二重复句在7个语法等级中属于第6级，是一个较高的等级。

（六）短语层相关指标

名词前复杂修饰成分总长度、复杂名词短语总个数两个指标，应用文显著低于记叙文与议论文，记叙文与议论文之间无显著差异；复杂名词短语占比，记叙文显著高于议论文与应用文，议论文与应用文之间无显著差异。

家信的正式性弱，口语化强，句子简短，叙事简要，对各类实体的限定和描写较少，复杂定语的出现频率低。记叙文、议论文则不同，前者需要叙述、描写篇章中的时空、人物、事件、环境、细节，为各类复杂结构、修饰成分的出现提供了条件；后者则经常通过复杂名词性结构、复杂定语来引入论述对象、表明态度立场或限定评价对象与态度主体的范围。这使得应用文复杂名词短语的数量、复杂修饰成分长度均显著低于其他两种文体。并且，应用文的复杂名词短语占比也是三种文体中最低的，虽然这种低平均值仅与记叙文构成了统计学意义上的显著差异。

值得注意的是，议论文的复杂名词短语占比显著低于记叙文。从数据上看，造成这种差异的主要原因在于，复杂名词短语数量相近的情况下，议论文由于简单名词短语个数（337个）远高于记叙文（232个），其名词短语的总数目被拉高，降低了复杂名词短语的占比。进一步看，我们认为文体特征与内容才是其中的决定因素，如上文所述，出于论说的需要，议论文经常通过定语来限定论说对象的范围、数量，阐明观点的领属、性质，表达作者的立场态度等，这必然会大大增加名词短语的使用量，从而间接降低了复杂名词短语的使用比例。

五 结语与启示

本研究以日本汉语学习者为观察对象，考察了不同文体类型对书面语句法复杂度的制约效应。研究发现，所有被检测指标均在两种或两种以上的文体中出现了显著差异，句法复杂度呈现出明显的文体效应，这也进一步验证了袁芳远（2010）、亓海峰和廖建玲（2019）、吴继峰（2019）等的结论。总体来看，这种文体差异遵循着类聚—象似原则，文体特征与内容越相近，句法复杂度差异越小，反之差异越大。比如，复杂 TC 单位占比、复杂 TC 单位与简单 TC 单位的比率、零形成分使用密度三个指标，应用文与记叙文无显著差异，但显著高于议论文，主要原因就在于书信中含有不少叙述成分，较之议论文，其文体特征、内容与记叙文存在更多的相似点。

同时，对日本汉语学习者书面语多维度、多类型指标的文体比较发现，部分研究得出的关于"议论文句法复杂度高于叙述文"的结论，可能并不完全符合日本汉语学习者二语写作的语言事实。如，十一个指标中，记叙文的七个指标显著优于议论文，三个无显著差异，仅有一个低于议论文。虽然这种差异可能与学习者母语背景以及测量指标的选择存在一定关系，但最起码可以证明：对于日本汉语学习者而言，不同文体在书面语句法复杂度的不同维度上是各有所长的。换言之，因为研究对象母语背景等的差异，我们不能依据本文有限的数据去武断地否定以往研究得出的相关结论，但针对日本汉语学习者的这种观察、探索，对发现不同母语背景留学生句法复杂度文体效应的个性化特质，对我们更为全面地、多视角地了解汉语二语句法复杂度文体效应这一现象仍具积极意义。

三种文体间的比较显示，其句法复杂度文体效应主要受到三组参数的影响。一是口语性与书面性，口语色彩与非正式化特征显著的文体易于在长度类指标、定状补语使用密度、复杂名词短语数量与比例、复杂修饰成分长度等方面弱于书面化、正式化程度较高的文体，并容易与之形成显著差异。二是时间性与逻辑性，时间特征突出的文体，各类动词结构及其修饰成分的使用率会较高；逻辑性凸显的文体则更易催生数量较多的高等级句法结构。三是叙事性与说理性，叙事特征突出、事件性强的文体，其与话题链和零形成分相关的各种指标、TC 单位小句使用密度要明显优于叙事成分较少的文体；说理性文体则会在 TC 单位小句均长方面展示出优势。

以上发现给日本留学生汉语二语写作教学带来的启示是：私人书信可用于初级阶段简单语法项目的教学与训练；记叙文适合于中高级阶段留学生话题链、零形成分、各类修饰说明成分、复杂短语等语法项目的教学与训练；议论文则对训练较高水平的留学生使用高等级句法结构构建长句、复句具有较高的价值。

最后，本文在研究中仍然存在着一些不足。比如，语料使用方面，为了减少"文体"之外变量带来的影响，我们对作文的母语背景、主题、数量、分数段分布等进行了一致化处理，从而导致语料库中符合研究条件的作文偏少，每个文体仅有 30 篇，这可能会在一定程度上影响结论的普适性；测量指标方面，如上文所述，本文虽然从四个层面选择了十一种已经验证、可反映汉语语言类型特征的指标，希望尽可能全面地观察句法复杂度的文体效应，但实际上，由于二语句法复杂度的多维性与复杂性，本文所选指标可能仅仅是众多参项中的一部分，无法穷尽性地测量书面语句法复杂度的所有维度。以上不足，需要我们在后续相关研究中不断优化与改进。

参考文献：

[1] 曹聪. 体裁对中国英语学习者写作句法复杂性的影响 [D]. 苏州大学硕士学位论文，2020.

[2] 方梅. 谈语体特征的句法表现 [J]. 当代修辞学，2013，(2)：9-16.

[3] 韩笑，冯丽萍. 汉语口语句法复杂度发展测评中基准型指标的应用方法研究 [J]. 世界汉语教学，2017，(4)：542-559.

[4] 胡韧奋. 基于搭配的句法复杂度指标及其与汉语二语写作质量关系研究 [J].

语言文字应用, 2021, (1): 132-144.

[5] 裴丽霞. 不同的文体对中国 EFL 学习者写作句法复杂度影响的研究 [J]. 考试与评价 (大学英语教研版), 2019, (4): 94-97.

[6] 亓海峰, 廖建玲. 基于记叙文和议论文的汉语二语写作发展研究 [J]. 世界汉语教学, 2019, (4): 563-576.

[7] 沈金花, 鲍贵. 语言水平和体裁对英语学习者作文句法长度的影响 [J]. 南京工业大学学报 (社会科学版), 2010, 9 (4): 73-76.

[8] 师文, 陈静. 汉语二语写作语言特征的体裁差异研究 [J]. 汉语学习, 2019, (6): 76-85.

[9] 王婉莹. 英语专业大一学生与英语本族语者记叙文和议论文句法复杂性差异研究 [D]. 西南交通大学硕士学位论文, 2019.

[10] 吴继峰. 英语母语者汉语书面语句法复杂性研究 [J]. 语言教学与研究, 2016, (4): 27-35.

[11] 吴继峰. 英语母语者汉语书面语动态发展个案研究 [J]. 现代外语, 2017, (2): 254-264+293.

[12] 吴继峰. 韩国学生不同文体写作中的语言特征对比研究 [J]. 语言教学与研究, 2019, (5): 1-12.

[13] 吴继峰, 陆小飞. 不同颗粒度句法复杂度指标与写作质量关系对比研究 [J]. 语言文字应用, 2021, (1): 121-131.

[14] 邢福义. 汉语语法学 [M] 长春: 东北师范大学出版社, 1996.

[15] 袁芳远. 课堂任务条件和篇章结构对输出语言质量和数量的影响 [A]. 第十届国际汉语教学研讨会论文选 [C]. 世界汉语教学学会, 2010: 95-100.

[16] 赵建中. 文章体裁学 [M]. 南京: 南京大学出版社, 1990.

[17] 中华人民共和国教育部国家语言文字工作委员会. 国际中文教育中文水平等级标准 [M]. 北京: 语言大学出版社, 2021.

[18] 朱周晔, 王金铨. 文体差异、语言特征与学习者汉英翻译质量的关系研究 [J]. 中国外语 2020, 17 (4): 58-68.

[19] Jin, H. G. Syntactic maturity in second language writings: A case of Chinese as a foreign language (CFL) [J]. *Journal of the Chinese Language Teachers Association*, 2007, 42 (1): 27-54.

[20] Longacre, Robert E. *The Grammar of Discourse* [M]. New York: Plenum Press, 1983.

[21] Lu, Xiaofei. A corpus-based evaluation of syntactic complexity measures as indices of college-level ESL writers's language development [J]. *TESOL Quarterly*, 2011, 45 (1): 36-62.

[22] Ortega, lourdes. Syntactic Complexity Measures and their Relationship to L2 Proficiency: A Research Synthesis of College-level L2 Writing [J]. *Applied linguistics*, 2003, 24 (4): 492-518.

[23] Qin, W. & Uccelli, P. Same language, different functions: A cross-genre analysis of Chinese EFL learners' writing performanceacross genres [J]. *Journal of Second Language Writing*, 2016, 33: 3-17.

[24] Ruiz-Funes, M. Exploring the potential of second/foreign language writing for language learning: The effects of task factors and learner variables [J]. *Journal of Second Language Writing*, 2015, 28: 1-19.

[25] Wolfe-Quintero, K., Inagaki, S., &Kim, H. Y. *Second Language Development in Writing: Measures of Fluency, Accuracy and Complexity* [M]. Honolulu: University of Hawai'i Press, 1998.

[26] Yoon, H. J. & C. Polio. The linguistic development of students of English as a second language in two written genres [J]. *Tesol Quarterly*, 2017, 51 (2): 275-301.

[27] Yu, Q. N. An Organic Syntactic Complexity Measure for the Chinese Language: The TC-Unit [J] . *Applied Linguistics*, 2021, 42 (1): 60-92.

[28] Yu, Q. N. *Defining and assessing Chinese syntactic complexity via TC-Units* [D]. Manoa: University of Hawaii, 2016.

Genre Effect of Written Syntactic Complexity in Chinese as a Second Language

Zhang Yingbao[1], *Lin Simin*[2]

(1. *School of Humanities , Guangzhou University*; 2. *Centre for Cognition Science of Language , Beijing Language and Culture University*)

Abstract: By comparing the eleven indexes of written syntactic complexity of four genres of Japanese Chinese learners, it is found that syntactic complexity shows an obvious genres effect. The average length of TC unit, the density of clause , the density of syntactic components and the proportion of complex noun phrases in narrative are significantly higher than those in the other two genres; Argumentative essays show their advantages in two aspects: the level of syntactic structure and the average length of clauses. The average length of TC unit, the average length of clauses, the density of syntactic components, the total length of complex modifiers before nouns and the total number of complex noun phrases in practical writing are significantly lower than those in other genres. The view of some second language studies that "argumentative discourse has higher syntactic complexity than narrative text" is not fully consistent with the linguistic facts of Chinese second language. Different genres have their own characteristics in different dimensions of syntactic complexity. The genres effect of written syntactic complexity follows the principle of clustering iconicity, which is mainly affected by three groups of parameters: oral / written, temporal / logical and narrative / reasoning. The above findings have certain value for the stylistic choice of Chinese second language writing training.

Keywords: Chinese Second Language Written Language; Japanese Chinese Learners; Syntactic Complexity; Genre Effect

国内国际学校华文学习者特点及华文教学策略

——以浙江 Z 国际学校为例

张 瀛 白如珊[*]

摘 要 近年来国际迁移快速发展，部分华侨华人在迁移的过程中，选择将未成年子女送回国内就学。这些归国学习的华侨华人子女，形成了华文教学中一个不容忽视的群体。因此，文章以浙江 Z 国际学校为例，主要采用问卷、访谈的方式对该校华文学习者展开调研，发现该校华文学习者的主要特点是：华文水平参差不齐；听说能力强、读写能力弱；融合型动机突出，工具型动机不足；学习需求多样，呈阶段性变化。基于该群体的特点，文章提出相应的华文教学策略。

关键词 国际学校；华文学习者；华文教学

一 引言

"国内华文教学"是指在中国国内开展的以归国就学的海外华侨华

---

* 张瀛，浙江师范大学国际文化与社会发展学院副教授，研究方向为汉语国际教育；白如珊，福建省厦门市思明区观音山音乐学校教师。

人学生为主要教学对象的中国语言文化教学，属于中国教育的一部分，其教学性质需根据实际情况进行判别。按照目的语获得顺序，可以将国内华文教学划分为第一语言教学或是第二语言教学。

近年来，受国际形势和疫情的影响，归国就学的华侨华人子女数量越来越多，国内许多国际学校①成为接收这类学生的主要教学点。由于教学性质不同，"华侨华人子女"这一群体的汉语教学在教学目标、教学内容、教学侧重点以及教学方法、教学语言等方面都与国内语文教学和针对纯外籍学生的对外汉语教学存在一定的差异，其复杂性和特殊性应受到学界的关注和重视。

目前关于海外华文教学的研究成果颇丰，而专门研究国内华文教学的成果却为数不多，且多集中于国内高校的华文教学。以国内中小学阶段的海外华侨华人子女为教学对象的华文教学在教学体系的建设上还不够完善，因此，国内中小学阶段华文教学的专门研究寥寥无几。与国内中小学华侨华人子女相关的教学研究多见于"国际学校汉语教学"方面的研究。

单韵鸣（2006）比较分析了国际学校汉语学习者与国内高校来华留学生汉语教学的差异，指出国际学校存在学生背景混杂、年龄偏小、学习汉语目的性不明确，以及学习过程中教学法不适应等共性特点。此外，肖杨泓枥（2017）、关惠尹（2019）、尹天姿（2020）等学者针对某所国际学校或某一地区的汉语教学进行研究，其中不乏建设性的意见。赵那（2017）、赖春平（2012）、夏惠贤和孔令帅（2017）等学者以某地区的多所国际学校为研究对象，从对比中寻找差异，在归纳中寻找共性。然而，这些研究在调查过程中并未细致区分华侨华人子女与纯外籍学生。因此，本研究聚焦于国内国际学校的华侨华人子女，对Z国际学校的华文学习者展开了问卷调查与访谈，试图发掘该群体的特殊性，并针对他们的特点制定相应的华文教学策略。

---

① 本文所提及的"国际学校"属于民办国际学校，招收非华裔外籍学生及华侨华人子女，提供中等或以下程度的国际化教育。

二 研究方法

（一）问卷调查法

1. 问卷设计

本研究的问卷主要分为以下两个板块。第一个板块为华文学习者的基本信息，共计12题，包含年龄、班级、祖籍地①、侨居国②等。第二个板块为学习者的华文学习情况的调查，共计15题，包括学生华文学习需求、学习态度以及对学习内容、教师、教材、课程等方面的认知和感受。该问卷主要参考了赵那（2017）和赖春平（2012）设计的学生问卷，结合调查对象的具体情况挑选并修改了部分题目和选项。

在问卷的语言表述方面，笔者考虑到调查对象汉语水平参差不齐、书面阅读有困难，所以尽量使用简单易懂的汉语表达，并且在每道题目和选项后附上英文翻译。

2. 问卷发放与回收

在2022年5月初进行问卷预测试。笔者在学校内随机发放了10份问卷，根据学生的作答情况和作答后的反馈，对问卷进行修改和完善。在此过程中，为多个题目增加了"其他"选项；将第4、5题的选项集中于人数多的地点；修改了第6题年份选项的范围；去掉了相关度不高的题目和选项。

2022年6月开始正式发放问卷。问卷发放对象为Z国际学校的华文学习者，共106人，其中华人24人，华侨82人，年龄分布在10~20岁，小学阶段15人，初中阶段44人，高中阶段47人。笔者借用自习课时间，以班级为单位进行问卷的发放和回收。调查前向所调查学生说明情况，强调本次调查不对其自身产生任何影响，并希望真实作答，调

---

① 祖籍地指父系祖辈长久居住的地方。

② 侨居国指华侨离开中国后长期居留的国家。在本研究中，所有调查对象的父母至少有一方是华侨，因此，本文也以"侨居国"代称调查对象来华前的所在国。

查过程中出现问题随时解答。问卷收集于 6 月底结束，共计发放问卷 106 份，回收 94 份。

最后，对收回的问卷进行筛选，剔除无效问卷后得到有效问卷共 92 份。随后对有效问卷进行分类、统计、分析，获得 Z 国际学校华文学习者基本信息。

（二）访谈法

本文的访谈主要用于支持问卷调查结果，并进一步弥补量化数据的不足，以期深入揭示 Z 国际学校华文学习者的特点及形成原因。

1. 访谈对象

访谈对象为 Z 国际学校部分华文学习者。按照侨居学生数最多的三个国家的比例，分别选取了各个学段的学生，共计 5 人。访谈对象基本信息及编号见表 1。

表 1　受访学生基本信息

编号	侨居国	身份	年龄	学段	出生地	海外经历	此前有无国内学习经历
S1	意大利	华侨	12 岁	小学	中国	6 年	无
S2	意大利	华人	16 岁	高中	意大利	14 年	无
S3	意大利	华侨	17 岁	高中	中国	9 年	有
S4	法国	华人	13 岁	初中	法国	11 年	无
S5	西班牙	华侨	17 岁	高中	中国	6 年	有

2. 访谈提纲设计

笔者依据调查问卷的分析结果设置访谈提纲。学生访谈提纲包括海内外学习经历、语言使用情况，以及课程设置、教材、教师等几个方面的问题。

3. 访谈实施与录音整理

访谈开始前，笔者向访谈对象说明了访谈目的，并事先征得访谈对象的同意，对访谈过程进行录音或文字记录。在访谈结束后将录音逐字逐句转录成文本资料，辅助问卷数据进行结果分析。

三　国内国际学校华文学习者特点

通过对调查结果的分析，归纳出国内国际学校华文学习者的特点如下。

（一）华文水平参差不齐，听说能力强，读写能力弱

根据问卷调查数据，整理调查对象出生地、国籍、国外经历的情况见表2。

表2　华文学习者的基本信息

出生地	国内		国外	
	61人 （66.3%）		31人 （33.7%）	
国籍	中国籍		外国籍	
	68人 （73.9%）		24人 （26.1%）	
国外经历	2~4（含）年	4~6（含）年	6~9（含）年	10年及以上
	7人 （7.6%）	17人 （18.5%）	15人 （16.3%）	53人 （57.6%）

Z国际学校的华文学习者在国内出生的占66.3%，在国外出生的占33.7%；拥有外国国籍的仅有26.1%，其余73.9%皆为中国籍。可见，在国内出生、拥有外国居留权的中国籍华侨是该校华文学习者的主体。所有接受调查的华文学习者至少都有2年的国外经历，超过一半的学生有10年及以上的国外居留史。

再看语言使用情况，表3的数据显示：接受调查的华文学习者虽然常年生活在海外，但多数华文学习者与家人沟通时使用的语言仍以普通话为主，其次是侨居国语言，最后是祖籍地方言。关于家庭语言和家庭

外用语的使用情况，受访者的回答如下。

表 3　华文学习者的语言使用

家庭主要语言	普通话	侨居国语言	方言	其他
	62 人 (67.4%)	18 人 (19.6%)	12 人 (13.0%)	0
家庭外使用的语言	普通话	侨居国语言	方言	其他
	0	89 人 (96.7%)	3 人 (3.3%)	0
在 Z 校使用的语言	普通话	侨居国语言	方言	其他
	89 人 (96.7%)	3 人 (3.3%)	0	0

　　和家人有时候说普通话，有时候说意大利语。我在意大利学校的同学都是意大利人，在学校都说意大利语。还要学一个欧盟的语言，西班牙语、法语或者德语，我学的是西班牙语。温州话也会一些，和爷爷奶奶说得比较多。在 Z 国际学校，老师要求我们说汉语，但是有时候和同学聊天，有些词我不知道汉语怎么说，我就会用意大利语。(S2)

　　我们家说普通话比较多，法语和温州话也说，在当地学校有上法语课，和同学、邻居都说法语。温州话大部分听得懂，有些华侨会说温州话，但我不太会说，有些单词想不起来。(S4)

　　和家人的话，普通话用得多一些，爸爸妈妈和爷爷奶奶他们会说方言，我说得比较少。和西班牙人就说西班牙语。(S5)

　　笔者在访谈中了解到，多数华文学习者同时使用普通话、方言和侨居国语言三种语言。侨居国语言是他们在海外生存的需要，通常是在当地学校、与当地人交流时使用。普通话和方言往往是海外华人的通用语言，Z 国际学校的华文学习者与家人交流用普通话的频率最高，而方言大多停留在能听懂但不熟练的水平。然而，部分学生由于海外生活经历长于国内生活经历，华文逐渐演变为弱势语言。

在海外，多数华侨华人家庭重视后代的华文教育，家庭语言以普通话为主，所以 Z 国际学校的这些华文学习者并不存在真正的"零起点"。然而，"非零起点"看似优点，对华文教学来说实则是个不小的挑战。即便是同龄学生，由于海外生活经历的不同，其华文水平也呈现出很大的差异。

此外，学习者由于在海外使用汉语的场合更多的是面对面直接说话，鲜有机会接触华文阅读和写作，缺少文字读写方面的输入与输出，因此普遍存在听说能力较强、读写能力薄弱的情况。

（二）融合型动机突出，工具型动机不足

情感因素在语言学习与习得中起着重要作用，学习动机在情感因素中占有重要的地位。因此，本文对 Z 国际学校华文学习者的学习动机进行了调查。笔者采用加德纳和兰伯特（Gardner & Lambert, 1972）的动机分类，将语言学习动机分为融合型动机和工具型动机。融合型动机指学习者为了与目的语社团直接进行交际，想要融合到目的语社团中成为其中一员。工具型动机是指把目的语作为工具使用，如查阅资料、寻找工作、提高自己的知识水平、改善自己的社会地位等。

图 1 为学习动机的调查结果：选择"因为我是中国人，应该要学汉语"这一选项的华文学习者最多，表现出了较强的民族身份认同和强烈的融入意识。由于身边亲友的影响，选择"想用汉语和家人、朋友交流"和"因为朋友都在学汉语"的学生分别占 39.1% 和 9.8%，可以看出有不少华文学习者希望通过学习汉语获得华侨华人群体的认同和接纳。从这几个选项占比可以看出，该校华文学习者具有强烈的融合型动机。此外，从"父母要求"选项高达 40.2%，也可以看出该校的华文学习者拥有较强的身份认同感与家庭重视加强后代与祖国的联系是分不开的。

通过问卷数据我们得知该校的华文学习者融合型动机突出。因此，

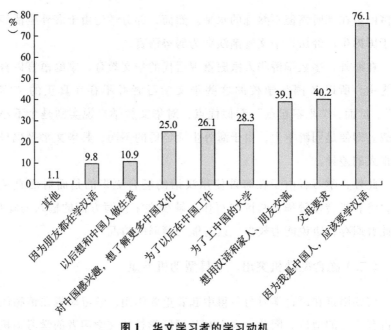

图1 华文学习者的学习动机

在访谈中进一步追问他们对于学习华文的想法，有学生表示：

> 我觉得（学习华文）很重要，毕竟我是中国人。(S1)
>
> （学习华文）不是因为我感兴趣，是因为我是中国人，我不感兴趣我也得学。如果我不学的话，我都不敢说自己是中国人了。到时候人家问我什么文化，我说都说不上来。(S2)
>
> 我不喜欢在法国读书，感觉非常陌生，融入不了法国人圈子，我喜欢和中国人一起上课，所以我要学好汉语。(S4)
>
> 不会汉语的话，虽然是中国人身份，但和不是中国人没区别，所以我觉得作为中国人是有必要的。(S5)

从问卷调查结果和访谈中都可以看出，Z国际学校大部分华文学习者能强烈感受到华文是其身份的重要象征，所以问卷中出于对自我身份和中华文化的认同而学习华文的学生占比最大。

相比融合型动机，学习者因为升学、未来工作、做生意等工具型动机而学习华文的比重则低出许多，工具型动机明显不足。结合该校学习者的年龄和经历来看，他们对祖国和华文的情感多来自家庭熏陶，对华文学习的意义还比较模糊，且不够坚定。在这种情况下，仅凭融合型动机并不足以激发学习者持续、稳定的学习动力，这类学习者的学习状态常因外部影响发生起伏，容易出现学习态度好但主动性、积极性不强的情况。

（三）学习需求多样，呈阶段性变化

调查学习者的学习需求有助于提高 Z 国际学校华文教学的针对性和实效性，对课程设置、教材、教学方法等有一定的指导作用。

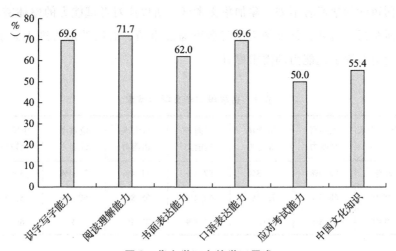

图 2　华文学习者的学习需求

调查结果显示，该校华文学习者对于华文识字写字能力、阅读理解能力、书面表达能力、口语表达能力、应对考试能力和中国文化知识的需求整体上相差不大，均达到了 50% 以上。根据调查对象的作答情况可知，大部分学习者对华文学习的需求并不局限于单方面，而是希望同时获得多方面能力，其中阅读理解能力、识字写字能力和口语表达能力位列前三。

　　整理各学段的华文学习需求调查结果，得出表4。由数据可以看出，小学阶段的华文学习者对识字写字能力的需求最高，达到了92.9%。与国内普通学校相同，华文学习者在小学阶段同样要重视汉字的认读和书写，汉字基础扎实才能更顺利地进入下阶段的华文学习。为了应对学业考试，初中阶段的学习需求发生了变化。华文学习者对识字写字能力和口语表达能力的需求有所降低，阅读理解能力和书面表达能力的需求达到了最高，主要是阅读题和写作题在考试中分值和难度增大的缘故。同时也能看出学习者对考试能力的重视度大幅提升。从初中阶段开始，课文所涉及的中国文化现象和文化内涵更加深广，与此相应，中学阶段学习者对中国文化的兴趣和需求也更高一些。高一开始根据升学目标分班，仅有参加华侨生联考的学习者需要参加华文考试，而希望出国留学的学习者不需要参加华文考试，所以应对考试能力的整体需求有所降低。另外，部分华文学习者可通过申请、面试的形式进入大学，因此对口语表达能力的需求提升。

表4　各学段的华文学习需求

需求\学段	识字写字能力	阅读理解能力	书面表达能力	口语表达能力	应对考试能力	中国文化知识
小学	92.9%	64.3%	57.1%	71.4%	21.4%	50%
初中	68.4%	76.3%	68.4%	65.8%	60.5%	52.6%
高中	62.5%	70%	57.5%	72.5%	50%	60%

　　综上所述，Z国际学校华文学习者的学习需求因各学段学情不同而发生变化，这就要求学校要根据学习者具体情况调整教学重点。小学阶段，重视汉字的书写与积累；初中阶段，各方面能力均衡发展，着重提高学习者的阅读理解能力、书面表达能力和应对考试能力。高中阶段根据学习者不同的升学需求设置相应的课程，以针对性地提升应试能力或口语表达能力。此外，中学阶段还可以适当增加中国文化知识的拓展。

四　国内国际学校的华文教学策略

（一）根据华文教学性质调整教学模式

"不同的语言背景、教育目标和教育环境决定了华社不同群体不可能采用同样的教学和教育模式。"（郭熙，2004）郭熙以新加坡为例，将海外华人社会的汉语教学分为四种不同的性质：第一语文教学、华族共同语的第二语文教学、汉语方言的第二语文教学、第二语言教学。作者认为单一模式不足以满足海外华人社会汉语教学的需求，应该针对不同性质的汉语教学采取不同的语言教学模式，进而提出"汉语教学在教学大纲、教材、教学内容、考试方式、教学方式上应该实行多样化"（郭熙，2004）的观点。针对 Z 国际学校现状，笔者认为首先应该进行教学模式的调整，根据不同学习者情况，采用不同的教学模式。综合考虑不同语言背景的学习者语言基础、接受能力以及学习需求，笔者将该校的华文学习者划分为三类，并针对这三类学习者分别匹配三种教学模式。

第一类学习者华文基础扎实，熟练掌握华文口语能力，并且有相对扎实的华文读写基础，华文为其第一语言，教学性质归属于第一语言教学。对于这类学生，可以采用第一语文教学模式，除了教授语言知识外，还要进行思维、审美和文化方面的综合训练。

第二类学习者的语言水平处于该校整体水平的中段，具备一定的言语能力，但侨居国语言水平略高于华文水平。这类学习者虽然在家庭中使用华文的频率高，但在社会生活中侨居国语言的使用频率更高，且侨居国语言更为熟练，若不考虑其华裔背景，可以将他们的华文教学归属为第二语言教学。但考虑到华裔学习者的华文学习是带有母语性质的，那么，根据李叔飞（2007）的界定，对第二类学习者所进行的华文教学就应该为第二语文教学，相应地采用第二语文教学模式，具备语言技能教学与文化知识教学双重教学目标。

第三类学习者的华文水平处于初级阶段，多是在海外居住十年以上的华裔，在海外基本上以侨居国语言为主要的日常用语。因此，华文对这类学习者而言多为第二语言，必须从最基本的言语能力开始培养。但这类学习者也并非从零起点开始学习华文，相较于纯外籍学生来说，他们在华文学习中更容易理解和接受中华文化因素，在学习过程中产生理解障碍和文化冲突的情况较少。对于这类学习者，笔者认为采用第二语言教学模式的同时，还要侧重中华文化的教学。

（二）根据学习者华文水平设置"阶梯课程"

Z国际学校希望华文学习者的华文水平能向国内同等学段的学生靠拢，因此，在华文课程设置上努力与国内课程衔接，对所有学习者都采用了第一语文教学模式。然而，Z国际学校的华文学习者存在差异性和多样性，如果以年龄为标准进行班级分配，笼统地按照班级设置华文课程，往往会出现顾此失彼的情况。

郭熙（2007）、樊荣、彭爽（2008）等人在研究中都介绍并肯定了新加坡的"阶梯课程"，所以笔者认为新加坡华文差异教学是值得Z国际学校借鉴的成功案例。该校可以参照新加坡差异教学，依据华文学习者的实际情况设置"阶梯课程"，将华文课程分为三级。

核心课程就是这套华文课程的"共核"部分，仍按照原有的班级授课，授课时间占总课时的70%~80%。核心课程采用第二语文教学模式，同时具备言语技能教学和文化知识教学双重目标，是每个华文学习者的必修课程。龙诗琴（2021）在研究中提到，分层教学应为大多数人明确一个共同目标，根据学生不同语言能力，在实际教学过程中对教学目标和教学内容进行差异化调整。因此，在核心课程外，还要设置深入课程和基础课程，授课时间占总课时的20%~30%。

深入课程是为华文水平高、有应试需求的第一类学习者安排的课程，在每个学段分别设置"加强班"，采用纯粹的第一语文教学模式。第一类学习者在学习核心课程后，可以选择继续学习深入课程。高中阶段的深入课程要再根据学生的升学目标进行区分，以升学目标为导向，融入升学考试内容的教学。

基础课程是针对华文水平较低的第三类学习者单独设置的一个"基础班"，由于人数较少，可以采取所有学段混合教学的形式。基础课程采用第二语言教学模式，以打好华文基础为教学目标，学习基本的言语技能，强调汉字书写与词汇积累，侧重中华文化的教学。

以上三级"阶梯课程"对学习者的分配并不是固定不变的，当学习者的华文取得进步时，便能调整华文课程，选择更适合他们的学习内容。通过"阶梯课程"，教师能够更好地照顾华文学习者的差异，帮助不同水平的学习者达到现有水平能获得的最佳学习效果。

（三）开设汉字、读写专项技能课

"阶梯课程"解决了华文学习者群体间水平差异的问题，对听、说、读、写等言语技能进行综合训练。但是在综合课上，学习者个体所需的技能得不到针对性的锻炼，因此，笔者提出了开设专项技能课的建议。建议 Z 国际学校根据华文学习者具体学习需求，每周开设 1~2 课时专项技能课。

小学阶段，华文学习者对识字写字能力的需求最高，学校可以尝试开设一门汉字课。汉字教学应该顺应汉字的特点，遵循先易后难、先认读后书写、循序渐进的原则。首先，教师要从常用字入手，让学习者通过高频常用字的学习建立学好汉字的信心。其次，以部件为纲进行汉字字形结构教学，注重分析字形结构，按笔画、部件、整字、间架结构四个方面进行汉字的字形结构教学，让学习者直观感受汉字的构成规律。最后，引导学习者将汉字学习与词汇学习相结合，通过语素教学法，引导学习者建立汉字音、形、义的联系，帮助学习者更好地理解、记忆词汇，扩大词汇量。

中学阶段，要着重提高学习者的阅读理解能力、书面表达能力。笔者建议 Z 国际学校开设专门的读、写技能课。读写课的教学方式可以参考辛平 2022 年在海外华文教育论坛上提出的概括写作教学法。概括写作是将阅读和写作有机结合的教学方式，课堂教学分为以下四个主要步骤：（1）学习者阅读文章或语段进行信息识别，理解原文；（2）学习者记住文章主要观点、情节，进行信息再编码；（3）学习者书面回答相关问题或完成多种写作任务，以书面形式输出再编码后的信息。（4）完成后，教师从内容观点、概括规则运用、书面表达准确性三方面对学习者的习作进行评判和指导。概括写作课程不仅能够增加学习者的阅读量、词汇量，还能够提高阅读理解能力、培养学生中文思维、锻炼书面表达能力，具有一定的现实意义。

（四）根据华文课程需要丰富教材类型

Z 国际学校华文学习者群体具有多样性和复杂性的特点，因而教材的选择也应遵循郭熙（2004）提出的"针对性"和"多样性"的观念。尤其是在华文教学模式和课程设置调整后，教材也应随之更新，以适应不同模式、不同课程的教学需要。

考虑到学校对华文学习者的要求以及大部分学习者升学需要，核心课程和深入课程使用国内部编版《语文》教材。对于选修深入课程的学习者，教师可以完全采用国内语文的教学方式，善于挖掘《语文》教材中开放性的、发散性的板块，利用这些板块拓展更有深度的教学内容。但是在核心课程的教学过程中，教师对教学内容应该以基础性知识为主，注重语言知识的正确运用和中华文化的理解与传承。

对于基础课程的学习者，笔者认为以海外华侨华人中小学生为对象编写的教材会更有针对性。《汉语》和《中文》是专门为海外华文学校中小学生编写的教材，结构和容量充分考虑了学习者的接受能力，注重基础阶段华文教学的系统性和实用性。与《语文》教学接轨是这两套教材的编写目标，并且教材注重汉字的部件教学、文本阅读理解和书写汉语文章的能力。因此，笔者认为这两套教材相比该校目前使用的《HSK标准教程》，对基础课程的华文学习者来说，针对性和适用性会更强。

除了主要的华文课本和配套练习外，学校还应提供专门的文化类教材，比如北京师范大学编写的《中国神话故事》《中国历史故事》等系列教材，对于未来有经商规划的学生，商务相关的华文教材也都可以提供给学习者课外阅读使用。

（五）充分利用国际学校硬件设施

Z 国际学校的设施设备非常先进，但是没有得到充分利用。华文教师要充分发挥小班教学的优势，开展游戏性质和比赛性质的课堂活动，甚至可以带学生走出课堂，到教育园区内的草坪上、图书馆、电影院等场所进行现场教学，用开放多元的组织形式点燃华文学习者的学习热情，激发学习积极性。

五　结语

随着华人华侨回流，浙江省部分民办国际学校开始招收回国就学的华侨华人子女。宁波至诚学校、杭州娃哈哈国际学校、诸暨荣怀学校以及本研究所调查的 Z 国际学校等都在华侨华人子女归国就学的潮流中兴起。Z 国际学校是浙江省规模较大的现代化民办教育集团旗下的一所国际学校，该校在华文教学过程中存在的问题具有一定的代表性，对该校华文学习者情况的调查能够为国内其他同类型学校的华文教学提供参考。同时，本文希望能够引起国内国际学校在实际华文教学中对华文学习者群体特殊性的重视，全面考虑华文学习者情况，更好地采取措施保障华文学习者的需求。

参考文献：

［1］单韵鸣．国际学校学生特点及汉语教学策略［J］.海外华文教育，2006（1）：32-36.

［2］肖杨泓枥．重庆耀中国际学校汉语教学现状调研报告［D］.重庆：重庆大学硕士学位论文，2017.

［3］关惠尹．长春德国国际学校汉语教学情况考察分析［J］.世界华文教学，2019（1）：111-123.

［4］尹天姿．国际学校青少年汉语教学现状及建议［D］.武汉：华中师范大学硕士学位论文，2020.

［5］赵那.上海地区公立学校国际部与外籍国际学校汉语教学比较研究［D］.上海：上海交通大学硕士学位论文，2017.

［6］赖春平.广州地区国际学校汉语二语教学状况调查报告［D］.广州：暨南大学硕士学位论文，2012.

［7］夏惠贤，孔令帅等.上海国际学校中文教学的现存问题与优化路径［J］.现代基础教育研究，2017（2）：58-66.

［8］Gardner, Lambert. Attitudes and Motivation in Second Language Learning［M］. Rowley, Massachusetts：Newbury House Publishers, 1972：191-197.

［9］郭熙.海外华人社会中汉语（华语）教学的若干问题——以新加坡为例［J］.世界汉语教学，2004（3）：79-88.

［10］李叔飞.关于海外华文教育中第二语文教学模式的探讨——以老挝万象寮都公学为例［J］.云南师范大学学报（对外汉语教学与研究版），2007（2）：86-92.

［11］郭熙.华文教学概论［M］.北京：商务印书馆，2007：148.

［12］樊荣，彭爽.新加坡基础华文教学模式特点分析［J］.外国教育研究，2008（12）：64-66.

［13］龙诗琴.新加坡小学华文差异教学应用研究［D］.武汉：华中师范大学硕士学位论文，2021.

Characteristics of Chinese Learners in Domestic International Schools and Chinese Teaching Strategies

——In the Case of Zhejiang Z International School

Zhang Ying[1]   *Bai Rushan*[2]

（1. *College of International Culture and Social Development* , *Zhejiang Normal University*；2. *Xiamen Guanyinshan Music School*）

Abstract：In recent years, international migration has developed rapidly, and some overseas Chinese have chosen to send their underage children back to China for education during the migration process. These overseas Chinese children who have returned to study abroad have formed a group that cannot be ignored in Chinese teaching. Therefore, taking Zhejiang Z International School as an example, the article mainly conducts a survey on Chinese learners at the school through questionnaires and interviews. It is found that the main characteristics of Chinese learners at the school are: uneven Chinese proficiency; Strong listening and speaking abilities, weak reading and writing abilities; Outstanding integrative motivation, insufficient instrumental motivation; The learning needs are diverse and vary in stages. Finally, the article proposes corresponding Chinese teaching strategies based on the characteristics of this group.

Keywords: International School; Chinese Learners; Chinese Teaching

·稿约·

《国际中文教育研究》征稿启事

《国际中文教育研究》（原《汉语国际教育研究》）由浙江师范大学国际文化与社会发展学院、教育部中外语言交流合作中心非洲中文教育实践与研究基地主办，社会科学文献出版社出版。2016 年以来已出版 8辑，中国知网收录。本集刊以促进新时代国际中文教育学科和事业高质量发展为宗旨，为从事国际中文教育事业相关的研究者提供学术交流平台。竭诚欢迎海内外专家、学者、研究生惠赐佳作。

一　投稿途径及要求

1. 网上投稿系统。自 2022 年 4 月起，《国际中文教育研究》全面启用知网"腾云"期刊协同采编系统。投稿请登录系统（https://ygjj. cbpt. cnki. net/WKC/WebPublication/index. aspx？mid = ygjj）。作者第一次使用该系统时，需要注册；投稿后，作者对稿件审查、录用情况的查询，均可通过该系统进行。

2. 来稿字数以 10000～12000 字为宜，所论重大学术问题的论文篇幅可不受此限。所有来稿均通过在线采编系统以附件形式投递。来稿请务必标明详细的通信地址（包括邮政编码）、联系电话以及 Email 地址。请勿一稿多投，来稿 3 个月内未收到本集刊录用或修改通知，作者可自行处理。来稿不退，请作者自留底稿。

3. 本集刊严格执行《中国学术期刊（光盘版）检索与评价数据规范》《信息与文献参考文献著录规则》（GB/T 7714—2015）等国家标准。

4. 本集刊设有"汉语国际教育专业课程思政""国际中文教育三教

问题研究""汉语本体与作为第二语言/外语的汉语习得研究""华人文学与华文教育研究""语言政策与语言传播研究"等栏目。

特辟特色栏目"非洲语言与中文教育研究"。

以上栏目根据各期实际内容适当调整。

二 论文编排格式

投稿需符合以下要求：

（一）篇名：篇名应简明、具体、确切，能概括文章的特定内容，符合编制题录、索引和检索的有关原则，一般不超过 20 个字。必要时可加副篇名。

（二）作者署名：作者署名置于篇名下方，团体作者的执笔人也可标注于篇首页地脚位置。

（三）作者单位：作者应标明其工作单位全称（应写到所在院或系或研究所一级）、所在省、城市名及邮政编码，加圆括号置于作者署名下方。如：浙江师范大学人文学院，浙江金华，321004。

（四）摘要：摘要是文章主要论点的客观陈述，应能客观地反映论文主要内容的信息，具有独立性和自含性，切忌对文章进行价值评判。一般不超过 300 字。

（五）关键词：关键词是反映论文主题概念的词或词组，一般每篇可选 3~5 个，应尽量从《汉语主题词表》中选用。多个关键词之间用分号分隔。

（六）作者简介：对作者的姓名、出生年、性别、民族（汉族可省略）、籍贯、职称、学位、研究方向等做出简略介绍。

（七）基金项目：标明基金项目名称及项目编号，以脚注形式标注于文章首页页脚。

（八）正文：文内标题力求简短、明确，题末不用标点符号（问号、叹号、省略号除外）。层次一般不超过 4 级，依次用"一""（二）""3.""（4）"表示。表格采用三线表编制，应有表序和表题，表序和表题置于表格上方，表注则置于表格下方，表内数字要对齐；插图要标明图序、图题。引文一定要核对原文，做到准确无误。

（九）注释：凡对文章篇名、作者及文内某一特定内容所做的必要的解释或说明为注释。采用文后注的形式，注号用"①、②、③、④……"。

（十）参考文献：用于说明引文的出处，采用文末注的形式。

1. 注号：用"［1］、［2］、［3］……"。

2. 各种参考文献的类型，根据《文献类型与文献载体代码》（GB3469—83）规定，以单字母方式标识：M——专著，C——论文集，N——报纸文章，J——期刊文章，D——学位论文，R——研究报告，S——标准，P——专利；对于专著、论文集中的析出文献采用单字母 A 标识，对于其他未说明的文献类型，采用单字母 Z 标识。以纸张为载体的传统文献在引作参考文献时不注其载体类型。

3. 注项（下列各类参考文献的所有注项不可缺省）：

（1）专著：［序号］主要责任者．文献题名［M］．出版地：出版社，出版年．页码．

（2）期刊论文：［序号］主要责任者．文献题名［J］．刊名，年，卷（期）：起止页码．

（3）论文集中的析出文献：［序号］析出文献主要作者．析出文献题名［A］．论文集主要责任者．论文集题名［C］．出版地：出版社，出版年．页码．

（4）报纸文章：［序号］主要责任者．文献题名．报纸名［N］，出版日期（版次）．

（5）外文版专著、期刊、论文集、报纸等：用原文标注各注项，切忌中文与外文混用。

4. 英文题名、英文作者署名及工作单位、英文摘要、英文关键词，与中文一一对应，置于参考文献之后。

三 其他注意事项

1. 来稿文责自负，本集刊对采用的稿件有删改权，不同意删改者，请在来稿中声明。稿件自发表之日起，其专有出版权即授予本集刊。

2. 本集刊已经加入中国知网全文数据库。作者向本集刊提交文章发表的行为即视为同意上述声明。如作者不同意将论文编入数据库，请另投他刊。

3. 本集刊联系方式：

（1）通信地址：浙江省金华市婺城区浙江师范大学国际文化与教育学院《国际中文教育研究》编委会（邮编：321004）。

（2）联系邮箱：gjzwjyyj@ zjnu. cn。

图书在版编目（CIP）数据

国际中文教育研究 . 第九辑 / 王辉主编 . --北京：
社会科学文献出版社，2025.3. --ISBN 978-7-5228
-4989-8

Ⅰ . H195.3

中国国家版本馆 CIP 数据核字第 2025KC6542 号

国际中文教育研究（第九辑）

主　　编／王　辉

出 版 人／冀祥德
组稿编辑／李建廷
责任编辑／杨　雪　杨春花
责任印制／岳　阳

出　　　版／社会科学文献出版社·人文分社（010）59367215
　　　　　　地址：北京市北三环中路甲 29 号院华龙大厦　邮编：100029
　　　　　　网址：www.ssap.com.cn
发　　　行／社会科学文献出版社（010）59367028
印　　　装／唐山玺诚印务有限公司

规　　　格／开本：787mm×1092mm　1/16
　　　　　　印　张：15　字　数：225 千字
版　　　次／2025 年 3 月第 1 版　2025 年 3 月第 1 次印刷
书　　　号／ISBN 978-7-5228-4989-8
定　　　价／128.00 元

读者服务电话：4008918866